獨生女怎麼教

日本知名教育心理學家
多湖 輝◎著
鹿谷◎譯

獨生女怎麼教——目次

第1章■只生一個孩子，究竟是輕鬆，還是很累？

第2章■獨生女容易有的缺點

第3章■教養獨生女時，媽媽的責任

第4章■教養獨生女時，爸爸的責任

第5章■注意獨生女成長的訊息

第6章■青春期的親子關係

第7章■教養獨生女的基本概念

第8章■發揮獨生女的特性

前言

■只生一個女兒的媽媽很輕鬆，真的嗎？

對媽媽而言，第一個女兒呱呱墜地，就是第一次育兒的開始。因為是第一次的經驗，可能每天都會覺得心驚膽跳。

「還要再生一個嗎？」很多媽媽都為這樣的問題感到很煩惱。不過即便這樣，第一胎如果是女兒，一般人大都還是會認為媽媽還算「輕鬆」。

曾經聽過一位媽媽說：「只生一個孩子，不但很容易找到臨時照顧的人，而且以多數人的眼光來看，媽媽照顧起來應該也比較輕鬆。再加上一般女孩子個性比較溫順，帶起來也比較不吃力。」

的確，若單純以性別來看，男孩子的確比女孩子調皮、粗魯；女孩子通常比較溫和、聽話，也會幫媽媽的忙。在種種理由下，教養女孩子似乎比男孩子輕鬆得多。不過這些都只是一般人的普遍印象，現實的差距是，只生一個女兒的媽媽，也有特別勞累的地方。

比如，就因為一般人都認為「只生一個女兒應該很輕鬆」，所以教養獨生女成為一個沒有偏差的「乖孩子」，便成為順理成章的事，因此如果孩子沒有在好孩子的「框架下」養成，旁人就會指責媽媽，認為是因為她教導無方。對媽媽而言，這無疑是種無形的壓力。

此外，只生一個孩子的媽媽，也常因為育兒的經驗不足，而招致旁人投以「新手父母不熟練」之類的批評。

或許就是為了擺脫此種非議，身為獨生女的媽媽，對於育兒常顯得格外緊張。不管是去公園玩，或是到住家附近散步，或是上幼稚園、學習才藝等，都希望自己的孩子在「乖孩子」的框架下舉止合宜。也因此有些媽媽就變得有點神經質，甚至鑽牛角尖。

有時或許是怕引起周遭母親們的敵意或嫉妒，還得格外的低調謙遜，唯恐引起別人認為你「生活得太優渥」的非難。獨生女的母親光要證明「自己其實並不輕鬆」，就是件頗辛苦的事了。

要減輕辛勞和壓力，只能向跟你一樣身有同感的人傾訴。如果沒有尋求發洩的管道，自己一個人悶著頭教養孩子，那麼養育孩子的每一天都會是一種痛苦。但事實上，再也沒有比養育孩子更令人喜悅的事了。

以下，我將針對獨生女的媽媽最容易有的煩惱，以及教養獨生女最容易有的問題做些許探討，同時也會提出擺脫這些煩惱和問題的做法，讓育兒成為媽媽人生中的快樂經驗。

■第 1 章

只生一個孩子，
究竟是輕鬆，還是很累？

如何回應「要再生第二個嗎？」的問題

女性一旦結婚，逢人便被問：「還沒有小孩？」生了第一個小孩後，又有人劈頭會問：「要再生第二個嗎？」對方似乎把這些詢問當成招呼語，儘管語氣輕鬆，不過被問的人不是難以回答，就是因為一再被問到同樣的問題而感到煩躁，甚至影響到跟對方的人際關係，自己內心也像是一直有個疙瘩。但是，近來人們開始重視他人的隱私，我認為大部分人應該不會太過分或直接的探問別人家庭的私事才對，不過事實好像並非如此。

「多湖輝老師，可不是你想的那樣。幼稚園的媽媽們或許因為彼此都有類似的經驗，所以形成某種朋友意識，不用擔心別人過度關愛的詢問。但是像我平日習慣騎腳踏車去超市，如果某一天突然改用步行的方式，或者只是穿比較寬鬆的衣服出門，就會有人好奇的問：『是不是有喜啦？』因為不打算再生第二個，卻又不想一直跟別人解釋，只好微笑否認，但是內心還是覺得不舒服。」

「是啊，我也常常被問要不要再生第二個孩子。自己娘家那邊還比較容易解釋，可是夫家這邊就很難解釋什麼了，搞不好公婆還認為我很冷淡也說不定。」

「你說得沒錯。婆婆通常不會跟自己的兒子說這種事，只會對媳婦明示暗喻的。」

當然，朋友之間如果有一定程度的熟悉，便可以就「要不要生第二個孩子」這樣的話題做或深或淺的討論。不過事實上，不生第二個孩子的夫妻，有的是基於健康因素，想生而不能如願，有的夫妻則是因為人生規劃而不打算再生，總之有各式各樣不同的考量。「因為沒有其他兄弟姐妹，就可以把愛全部貫注在唯一的孩子身上。」有的夫妻是這麼認為的。但也有另外一種想法是，「有兄弟姊妹的孩子才幸福」。態度上的差異在於個人人生觀的不同。我們可以經由談話了解對方的想法，但想改變對方的想法卻很困難。老一輩的媽媽會建議：「關於要不要生第二個孩子的問題，可以明確的請別人不要過問，自己也不要放在心上，或是由他人愛怎麼說就怎麼說，聽聽就算了。」

別把自己的想法套入孩子的想法中

■

會勸只生一個女兒的媽媽，勇敢的再生第二個孩子的人，大都是覺得：「只生一個，孩子好可憐，不是很寂寞嗎？」不過獨生子或獨生女真的很寂寞嗎？問問當事人的感覺，答案會有好幾種。

「沒有兄弟姊妹當然很寂寞囉！常常家裡都只有我一個人看家。」「家裡一直都只有我一個小孩，我已經習慣了，並不會特別感到寂寞。」「幸虧爸媽只生我一個，讓我可以獨自一人專心地遊戲，同時也能培養我獨立思考的能力。」

事實上，大部分獨生子女並不認為沒有兄弟姊妹會寂寞。「只有一個孩子太寂寞」的想法，通常都是大人多慮了。周遭的人一再用同情的口吻告訴孩子：「只有你一個，沒有其他兄弟姊妹，你好孤單啊！」或許才是真正影響到孩子想法的原因。

「當然，去朋友家裡，看到別人家裡耀武揚威的哥哥，或是像跟屁蟲一樣煩人的妹妹，有時會覺得幸好自己的孩子是獨生女。」有些父母會暗自慶幸自己的孩子是獨生子女，不需跟兄弟姊妹爭搶。不過這種想法卻很難直接告訴孩子，因為擔心孩子會被寵壞，變得太自我。因此即便覺得獨生子女也不錯，但另一方父母面也會心想，有兄弟姊妹雖然比較辛苦，但至少在群體相處上可以互相磨練成長。

只生一個女兒的媽媽們，有的因為心疼孩子孤單，而採取一種非常錯誤的做法，就是不管她要求什麼，都儘量滿足她。可是這種認為獨生女是個「孤單的孩子，所以很可憐」的觀念並不正確，而且很容易造成嬌寵孩子的理由。因為孩子一個人很孤單，所以盡可能買一大堆玩具給這位嬌嬌女，對孩子的要求言聽計從，結果很顯然的，這樣做對獨生女而言並非益事。

每個人的生長環境都不同，是不是獨生子女並不是唯一關鍵，還要看環境給孩子的教養是對或錯，才是最重要的。父母提供給孩子的環境，究竟是正面或負面的思考，都取決於父母的一念之間。你認為怎樣才能使孩子得到好的、正面的影響呢？

不要一直對孩子強調她是唯一

■ 獨生女未必都能受惠於優渥的環境。

「我們夫妻年輕的時候，生活非常貧困，養一個孩子就很不容易了，根本不敢考慮生第二個孩子。」因為家庭經濟方面的考量，只生一個孩子，在金錢的花費上會比較充裕。

教養方式因人而異，同樣的，對家中唯一的孩子，有的媽媽花錢很節制，有的媽媽則很捨得花錢栽培孩子；不管哪種做法，對孩子都會造成一定的影響。一般人會認為「獨生子女環境比較優渥」，乍看之下也有幾分道理。不過有些只有一個孩子的媽媽，就因為意識到周遭的人會這麼想，生怕引起別人的嫉妒，反而會更謙遜低調。

「看看你家的○○，又學鋼琴又學芭蕾，學兩項才藝得花好多錢呢！我家的孩子也很想學，可是爸爸的薪水可負擔不起。」

「因為家裡只有這麼一個孩子，才負擔得起嘛！」通常你會這樣的回答。但是這種對話聽在孩子耳裡，她會是什麼感受呢？

「當我還小的時候，常聽媽媽說『因為你是獨生女，所以……』，害我每次都好想頂撞兩句或什麼的，我也不知道自己為什麼會有那樣的情緒。」這是來自於一位獨生女的表白。孩子有自己的看法。恐怕孩子並不想因為自己是獨生女而得到某些「特別待遇」吧！

「因為是家中唯一的孩子」，媽媽如果是以謙遜的語氣說這話，或許是對的態度，因為孩子壓根不認為「家中唯一的孩子」是什麼誇讚的言辭。

獨生女的媽媽顯得特別戰戰兢兢

■

獨生女往往給人「任性」、「被寵壞了」、「不合群」等負面印象。

試著問一些獨生女的看法，所得到的回答是：「家裡對我的要求非常嚴格，不過媽媽似乎是故意要這麼做的。她常常提醒我：『就只有你一個人，無論如何都要自己想辦法完成。』或許是這樣吧，朋友常說我：『看起來一點都不像嬌嬌女，很能吃苦嘛！』因為很少看到獨生子女被這樣訓練的。」

有些人雖是獨生子女，性格卻很強悍；也有人家中雖然有其他兄弟姊妹，個性卻很懦弱。個性因人各異，只是從條件上看來，獨生子女或許有某些傾向。其中一個理由是，因為獨生子女集聚了父母所有的注意力和焦點；如果他的父母剛好也是家中的獨生子女，孩子就更可能集三千寵愛於一身了。

當然也有很多獨生女的媽媽因為「不希望孩子被寵壞」，而更拚命的想讓孩子不要變成嬌嬌女。一種心態是因為要證明「自己不會因為只生一個孩子，就輕鬆得蹺起二郎腿」；還有一種就是來自於公婆的檢驗。

一位獨生女的媽媽就抱怨說：「女兒的運動會，祖父、祖母和外公、外婆都來參加，結果我竟然要準備七個便當才夠。還有一些枝微末節的事，例如女兒的禮儀和態度，我都要再三叮嚀。加上他們一定會到家裡作客，平常我都要求孩子，有人到家裡來，一定要把家裡收拾乾淨，但是孩子總把我的話當成耳邊風。結果，女兒什麼都不用做，辛苦的卻是我。」

身為獨生女的媽媽，因為在意旁人的眼光，而刻意在家事或教養上維持一定的水準，搞得自己神經兮兮的，這對媽媽來說確實是很大的壓力。因為刻意要訓練孩子獨立堅強，在教養上反而比別人更加嚴苛，這樣不但有點本末倒置，孩子也會為此感到困惑。

因為媽媽過分的求好心切，凡事採取高標準，使得孩子反而退縮不前。我要奉勸獨生女的媽媽，凡事放輕鬆，不要鑽牛角尖。偶爾放手鬆口氣，畢竟人生有很多事物可以追求。這是已走過漫漫人生、身為前輩的我，想要勸告緊張兮兮的媽媽們的。

媽媽要有自己的「朋友圈」

■

奉勸獨生女的媽媽，盡可能結識幾個在育兒經驗上談得來，可以分憂解勞的朋友。

獨生子女本來就缺乏與其他孩子接觸的機會，對孩子而言，多製造跟其他孩子一起相處玩耍的時間，就顯得更重要了。獨生子女的媽媽也很需要幾個可以一起閒話家常、聊聊育兒甘苦的「朋友圈」，托兒所、幼稚園、才藝班等，都是媽媽結識朋友的好地方。

很多家中有兩、三個孩子的父母會發現，明明是同一對父母所生的孩子，教養方式也都一樣，可是孩子們的個性卻有很大的差異。在歷經種種體驗後，父母才恍然大悟「每個孩子都是獨立的個體，還是要按照孩子的個性因材施教才對」。但是，獨生子女身邊卻缺乏比照的對象，因此媽媽完全照著雜誌或書本上的說法來教育孩子。另外，公園、托兒所，或是孩子聚集的地方，往往也是這些獨生子女媽媽們觀察學習的場所。

不過，儘管媽媽自認為非常了解自己的孩子，實際上，或許還是有許多地方跟媽媽認為的有所出入。有些時候可能是因為太溺愛孩子而造成偏袒；相反的，也有些父母因為跟孩子朝夕相處，反而看不到孩子的優點。

如果能結識幾個可以說真話的朋友，透過旁人的眼睛，或許可以清楚看到孩子的優點。獨生女與媽媽的關係通常比較緊密，而朋友圈的存在可以讓媽媽跟獨生女之間有一點喘息的時間和距離。因為生兒育女而和社會脫節、變得孤獨的媽媽不少，因此，媽媽要懂得結識幾個談得來的朋友。

當然，朋友的存在有時也會造成壓力。一位獨生子女的媽媽就表示：「那位很寵孩子的媽媽就是跟我合不來，因為不對盤嘛！」確實，每個媽媽都有自己的人生觀和育兒觀，難免會有話不投機的時候。如果碰到這種情形，不要太勉強，只要維持一定的禮貌就可以了。

獨生女擔負的壓力比較大

獨生女的父母跟養育兩個孩子的父母，最大的差別在哪裡呢？最大的差異在於萬一父母都亡故後的擔心程度。「在教養上，我從沒有打算要特別強化他是獨生子女的事實。可是每當想起，萬一我們夫妻突然離開人世，我的孩子該怎麼辦時，內心就會感到十分不安。雖然我們夫妻約定每天都必須做嚴謹的健康管理，照顧好自己的身體，但還是很害怕。」

年輕的媽媽或許對這種問題感覺還很遙遠，不怎麼能體會，甚至覺得有點杞人憂天。但是年過三十的媽媽，可能會陸陸續續的聽到周遭開始談論起看護和老年後的問題。獨生女必須面對的是，一人背負看護父母的責任和負擔葬儀費用的壓力，相較於有兄弟姊妹的孩子可以彼此分擔，獨生女未來的負擔和深深的孤獨感，也是父母最憂慮的部分。

有些媽媽從孩子很小的時候就會一再提醒她的「特殊身分」：「媽媽和爸爸不可能照顧你一輩子，我們走了，就只剩你一個人了，所以你非得堅強不可，知道嗎？」

這種類似遺囑般的可怕叮嚀，或許在孩子還小尚且不懂事，或是孩子根本沒拉長耳朵在聽的時候就出現了。接著，父母又有另一番叨念：「你要多交一些朋友，擴大自己的生活圈，不然你會孤零零的一個人哦。」

「我是希望你成為一個很棒的大人才這麼說的喔！」成為獨生子女本來就不是孩子自己的選擇，可以說是命運，也可以說是既定的現實，媽媽一再耳提面命，孩子內心到底要怎麼回應呢？

獨生女的媽媽要孩子對未來有所準備，所以她也有同樣的觀念，勉勵自己不能成為「失敗的母親」。我想媽媽內心真正的期望是，女兒在任何環境下都能夠快樂充實的過屬於她自己的人生，成為一個不怕困難、能自食其力的女性。

然而事實上，有些人就算有兄弟姊妹，但是兄弟姊妹之間感情不和睦，甚至不相往來的情形也有。所以，父母年老後的看護責任或是孤獨感，並不只是獨生子女才有。「因為只有你一個孩子，爸爸媽媽死了以後……」，如果一再的用這樣的方式提醒孩子，孩子的內心不免會有陰影。所以請不要語帶威脅，只要讓孩子知道日後的可能處境就好。

獨生女比較喜歡跟大人膩在一起

■請試著從獨生女的角度來看事情！對獨生女而言，平日接觸的對象除了自己以外，可說都是大人。就算全家人出外旅行，還是只有他一個小孩混在大人堆中玩耍。如果是跟同齡的玩伴在一起，突發奇想的創意是無邊無際的。跟大人在一起，自己的蠻橫不講理常常可以被原諒，所以非常不合理的天真便一直都被保留著。

平日只跟大人相處的獨生女，對於怎樣拉高嗓門跟人爭論或是競爭，通常會感到棘手。不懂得怎樣跟別人吵架，也是獨生女的弱點之一，因為大人不會跟她吵，她便缺乏這種訓練和學習的機會。

所以相對的，獨生女也不大懂得怎樣跟同年齡的孩子相處。獨生子女是混在大人堆中長大的，因為周遭都是大人，所以口氣和動作在無形中也會顯得老氣橫秋。

「真擔心我女兒，她有時會把我跟朋友的閒扯記在心裡，然後出奇不意的講出來，一點都不含糊。」

「聽○○的媽媽說，○○會冷不防的把不知道在何時記起來的話，像個小大人那樣講出來，真是讓人擔心啊！」

獨生女會隨時觀察周圍，對大人的感情和人際關係的洞察能力也比別的孩子要高。可是同樣身為家中唯一的小孩，獨生子對大人的人際關係卻是一副漠不關心的樣子，但獨生女則似乎從小就比較懂得「觀察人」。

獨生女儼然大人的模樣，有人認為是穩重，有人認為太世故，有人則認為是聰明，毀譽不一。但是如果獨生女的行為過度成熟，很可能變成一個對人際關係過於敏感的孩子。因為太過敏感，孩子凡事一副旁觀者的態度，反而會變成一個在人際關係上不圓融的孩子，當孩子長大後，這樣的特質也會令父母擔心。

人生不可能凡事一帆風順。現在的世代，女性也要積極面對挑戰，並投入社會。獨生女不能是永遠的旁觀者，必須具有一定的強韌和積極度。

■ 保持彈性的教養法則

獨生女的媽媽心裡惦記的是怎樣把孩子教好，思緒都在孩子的教育問題上打轉。

經常有患得患失的媽媽找我晤談：「我會是一個失職的媽媽嗎？」通常會提出這種問題的媽媽，都是拚命想恪遵職守、盡心盡力的媽媽。

「你覺得自己哪裡失職了呢？」這些太過自我反省的媽媽經我一問，答案不外乎是「受到批評」、「因為讀了某本有關教育的書」、「因為看到某些關於教養孩子的資訊，而判斷自己的行為」。

「正因為你是那麼認真的在思考，所以你是個非常棒的媽媽喔！」我總是這樣鼓勵媽媽。在教養孩子方面竭盡心力的媽媽，因為想教養出更棒的孩子，所以想更努力。但是，育兒不全然是根據教養書籍或網路上的教養知識依樣畫葫蘆，因為沒必要。更何況教育孩子也沒有一定的準則，許多資訊和他人的意見，只能當參考，不能照單全收。比如說面對怎麼講都講不聽的孩子，動手處罰是可行的嗎？「這不是虐待兒童嗎？」「這種打罵方式，萬一傷了孩子的心，怎麼辦？」「萬一孩子有樣學樣，怎麼辦？」「自己是不是不夠愛孩子？」一旦因為這樣的事而苦惱，就會陷入掙扎的情緒中。請不要因噎廢食，平日在充滿愛的環境中成長的孩子，做錯事時接受一點點合宜的打罵，也是應該的。

「絕對不體罰。」也有媽媽堅持這樣的理念。我覺得也無不可。孩子有孩子的個性，媽媽也有媽媽的個性，教養孩子的方式因人而異。請要有這樣的自信：「只要是在愛孩子的前提下教養孩子，基本上大概不會走錯路的。」

■第 2 章

獨生女容易有的缺點

■不要再溺愛孩子了

很多父母因為平常時太寵孩子，放任孩子予取予求的行為，當發覺孩子變得愈來愈任性後，才開始擔心。仔細想想就可以發現，不管是玩具或衣服，只要孩子想要就給，會使孩子逐漸養成不能忍耐等待的個性。其實，買東西給孩子並不能真正表達父母對孩子的愛。

很多父母嘴巴都說擔心自己寵壞孩子，可是誘惑父母不斷犯錯的原因實在很多。特別是獨生女的媽媽，因為小女孩的模樣煞是可愛，為了看到孩子開心的臉龐，所以總是忍不住買東西來取悅孩子，也因此獨生子女總是有一堆不需要的東西。

另外一項主因是女性天生愛購物。成為掌管家中經濟大權的主婦後，雖然很努力壓抑浪費揮霍的習性，但是碰到孩子需要的東西，還是會不自覺的掏出腰包。很多時候其實是媽媽自己覺得那個玩具或衣服實在太可愛了，才克制不住購買的衝動。

以下是一位媽媽的告白：

「我把女兒丟給媽媽照顧，自己出外辦事時，回家一定會順手買禮物給女兒。或許是覺得虧欠孩子吧！所以為了減輕內心對孩子的虧欠，就把買東西送孩子當成某種彌補。

而且現在街上滿是精緻包裝的點心、可愛的衣服和玩具飾品，都一再的刺激我的購買欲望。一定要非常有定力，才能不動心。」

確實，很多的例子是，一開始孩子根本沒有什麼物欲，卻被父母和周遭的大人給慣壞了。好像隨時不順手買點東西給孩子，大人就會覺得對孩子不夠好。雖然一再告誡自己不要過度浪費，卻又克制不了。請問鍾愛孩子的媽媽，自己究竟為何而買？請務必深切反省。

另外一種情形是，每天跟孩子朝夕相處的媽媽，偶爾生氣打罵孩子過頭了，事後為了彌補內心的歉疚，通常會用買東西補償孩子。

其實這都只是為了滿足自我。因為只養育一個孩子，經濟上比較寬裕，如果在育兒的過程中一再出現這種因為感覺虧欠而用禮物彌補孩子的情況，最後媽媽和女兒間的親子關係很可能會變得非常薄弱。

與其買東西給孩子，還不如給孩子一個深情的擁抱，或撥些時間聆聽孩子說話。

一起共享歡樂時光，更能讓孩子高興。另外，當你買東西給孩子的時候，也請想想你所傳遞給孩子的是怎樣的心念。

獨生女也會情緒失控

一個行為失控的孩子，可說是現代父母的隱憂。不止是男生，最近女孩子也會有做出粗暴行為或講髒話的情況發生。

「我的女兒平常都很溫和，但是偶爾碰到令她生氣的事，也會有非常激烈的反應，不但亂丟東西，還會大喊大叫，真是可怕！她那個尖叫聲非常恐怖，屋頂好像都快被她的叫聲震破了，我很擔心鄰居聽到會以為我在虐待小孩。」

在孩子的成長過程中，總會出現反抗期，媽媽應該理解這是必經的過程，千萬不要被孩子偶爾的狂飆嚇倒。很多獨生女的媽媽第一次碰到孩子發飆時的憂心忡忡，是可以理解的。

「好好端詳孩子失控的情緒，試著探索孩子是不是在學校受到欺負，還是發生了什麼事？重要的是了解孩子的心理狀態。」我總是這樣告訴前來懇談的媽媽。

反抗期的憤怒和情緒爆發，都是可能會發生的事。所謂的「失控」，該如何界定？孩子又會講出哪些不雅的話？「超噁的」、「火大」、「你很煩」等，都是女孩子會掛在嘴巴的話。不過當你問她那些字詞的含意時，她卻不見得答得出來。

孩子情緒暴發時，語言的表現會比較不流利；而在孩子的世界裡，也會有她面臨到的壓力，同時鬱積著平日憤怒和不滿的情緒。

孩子如果能用語言來傳達不愉快，就是紓解的一種溝通方式。但是如果她無法用語言來舒解，那麼她的憤怒就只能用爆發的方式來發洩，甚至以「失控」的暴力行為來表達內心的不平衡。

獨生女的媽媽因為平日照顧孩子可說是無微不至，所以認為母女間應該已經默契十足，就算不說明白，對方也可以心領神會才對。不過正因為太有自信，反倒缺乏溝通能力。失控的孩子最主要的心態是，任性的希望對方能夠全盤接受自己的要求。但是媽媽卻不解風情的認為：

「你怎麼了？把話說清楚。你不說，我怎麼會知道發生什麼事。」面對媽媽咄咄逼人的審問，孩子還是不答腔。

「你是因為〇〇不了解你，所以覺得挫折，是嗎？」如果能換個角度為孩子設身處地地著想，慢慢引導孩子說出內心的感受，這樣親子間的互動就會順暢些。充分和孩子溝通，努力讓孩子感受到你是誠心誠意的想了解她，一定可以讓她的情緒穩定下來。

■讓獨生女學習「體諒他人」的簡單方法

「因為我自己就是獨生女，所以一直希望自己的孩子能夠擁有其他的弟妹，從來沒考慮只生一個，因為我很了解有兄弟姊妹跟和沒有兄弟姊妹的差別很大。

「擁有其他手足的小孩，從小就要學習彼此之間的妥協，但是爭吵還是從沒停歇。只要有其他的兄弟姊妹在，很多事都要忍耐。因為我是家裡唯一的孩子，所以在家裡並不需要配合其他兄弟姊妹，或做任何妥協。雖然有時我看到其他不是獨生子女的朋友必須事事取得協調而為他們感到委屈或不平，但是孩子有自己的思考模式和溝通方法，一旦其他兄弟姊妹生病時，他們也會很擔心，我覺得，這是一種濃厚的親情關係，這種體諒和關心是沒有兄弟姊妹的孩子所無法體會的。」一位媽媽分享了她的心路歷程。

所謂「體諒他人」，唯有在人際關係中才能孕育。就像是珍視對方的存在，設身處地為對方著想，並選擇配合對方所需。這些情操偶爾需要壓抑自己的欲求，有時也會有糾紛，但是這種不求回報的慷慨和尊重，是培育某種內心微妙感性的開始。但是該如何教導獨生女去體諒他人呢？

「儘可能讓她跟其他孩子多接觸，比如常邀約小朋友到家裡玩。當然其中會有不懂禮貌的孩子，像是亂開冰箱之類的，不過這也是可以警惕孩子的負面教材示範。」原來身為獨生女的媽媽要注意的地方還真不少。

另外還有一個方法是，媽媽必須以身作則。例如媽媽對待公婆和丈夫的態度，儘管都是不經意的行為和對話，孩子也會一一記在心裡，久而久之就會對孩子造成影響。

此外，有時也請多說一些體恤的話。

「天氣預報說，北海道會有第一波初雪，不曉得奶奶還好嗎？禦寒衣物夠不夠？

老人家的身體狀況不知道好不好？」可以和孩子一起思索這些問題。身邊俯拾皆是類似可以噓寒問暖、關心的對象。

夫妻間也要常常不忘道聲「謝謝」、「辛苦你了」等甜蜜的話，這款款深情的互動，對孩子而言，是很好的身教和言教。

若從小沒有培養孩子體諒他人的個性，長大後要改變就困難多了。我想，家庭應該是最能培養孩子感性和心地柔軟的地方。

■如何教養集三千寵愛於一身的獨生女？

一個家庭裡，如果只有一個孩子，無可避免的，父母或長輩會把焦點和關心毫無保留的傾注在這孩子身上。再加上雙方的祖父母和親友，用集三千寵愛於一身來形容，非常恰當。

前些日子跟一位職業婦女聊到某些觀感：「我們家一共有三個兄弟姊妹。只有最小的妹妹結婚生子。少子化時代真的已經來臨了，尤其每到農曆過年家族團圓的時候，景況就更特異了。只有一個小孩擠在一堆大人裡，不只是孩子的父母忙著幫她拍照，爺爺、奶奶、叔叔、伯伯、阿姨，也全把她當成模特兒般拍個不停，儼然就是一場攝影大會，左一句『剛剛那個姿勢很可愛，再擺一次』，右一句『你笑起來好迷人喔，再拍一張』。孩子還小，根本還不懂怎麼一回事，卻讓整個家族的人捧在手心，這樣究竟會教養出怎麼樣的孩子，實在令人憂心。」

對孩子而言，能夠在滿滿的情感滋養下生長，是很可貴的。人類因為被愛，在精神上和肉體上才得以健康成長。因為受到注目和讚美，才得以發展自己的個性。

但是如果因為她獨占眾人的關愛，並視「被愛為理所當然的事」，情況可就有點糟了。如果經常的需要別人遷就她、要別人體察她的喜怒哀樂、自己想怎樣就怎樣，我想沒有父母希望自己的孩子變成獨裁的小霸王。

「我最近常罵女兒『你可不是公主喔，多少幫忙做點家事吧！』」一位獨生女的媽媽說道。

當孩子在大量的關愛包圍下，如何適時為她做對的引導，是媽媽的責任。任性妄為或要求不合理時，媽媽都要緊急踩煞車。

克制自己的欲求、常持感謝的心，很多家庭要求孩子在接受他人物品時不忘說聲「謝謝」。一句恭敬的感謝話語，可以凝聚感謝的心念，並化為行動。

媽媽有時要睜一隻眼閉一隻眼

父母親都捨不得孩子太辛苦，這種心態古今皆同。只是在食指浩繁的家庭，就算想讓孩子養尊處優，經濟上也不許可。

只有一個獨生女的家庭，父母雖然一直警惕自己不要溺愛孩子，但似乎也在不知不覺間，會幫孩子打點好一切事情，不勞孩子自己動手。

孩子在小學低年級以前常掛在嘴邊的一句話是：「你看、你看……」，孩子希望自己被注意，並且也希望別人一起參與。和孩子共同感受與共度的時光。成了教養孩子的依憑，媽媽也會因為這些互動而愈來愈了解孩子。

不過，獨生女的媽媽往往容易因為過於重視而變成過度保護，這和因為愛護孩子，而要和她共同感受萬事萬物與分享的狀況是不一樣的。尤其是媽媽更會因為孩子是女生，而擔心她受傷或不小心弄髒身體。因此不管在怎樣的情況下，盡可能以不傷到孩子的心靈為前提，做更多的防範。因為媽媽們深恐一個疏忽會造成孩子一輩子的夢魘。其實，除非是非常特殊的案例，否則一點小挫敗並不會造成孩子的傷害。讓孩子忍受挫折是沒關係的，也是成長階段必須經歷的。

要是父母凡事為孩子設想周到，經常事先為孩子排除障礙和迴避失敗，無形中將剝奪孩子面對失敗的機會。父母不可能保護孩子一輩子，讓孩子永遠不被傷害或不遇到挫折。請提供機會讓孩子自己去面對和解決問題。適時的放手，睜一隻眼閉一隻眼，是保護過度的媽媽們所要學習的課題。

比如孩子動不動就要父母幫忙，或是明明沒有任何危險，卻也要父母在旁邊扶他一把的孩子，爸媽這時都要理性的拒絕。

跟其他孩子吵架時，爸媽千萬不要不明事理的馬上就幫腔壯勢；孩子快跌倒時，身體或衣服弄髒時，爸媽千萬不要一付憂心忡忡的樣子。其實爸媽大可以放心的，請相信孩子會用自己的力量克服困難。

現代社會中女性的競爭力愈來愈強，就算是女孩子，也要具備應付任何情況的能力，總不能等到孩子在現實環境中處處碰壁時，才使她發現一向被溺愛的自己竟然手無縛雞之力，驚訝的發現原來自己一直活在象牙塔裡吧！

■獨生女的父母很容易發現孩子的弱點

許多媽媽找我懇談時，會問各式各樣的問題。

「前幾天幼稚園舉辦運動會，我的女兒賽跑很不行。事實上，我的運動神經也很不發達。最近聽說有學校虐待體育不好的學生的新聞，我怕女兒上小學會被虐待，所以想送她去體操教室或是上游泳課，好好鍛鍊一下她的運動神經，您覺得好不好？」

「我要請教您的是關於我那就讀國小女兒的事。音樂課有豎笛的測驗，於是女兒就在家拚命練習，可是還是吹得很糟。我很後悔當初沒讓她早一點學鋼琴，現在開始學還來得及嗎？」

獨生女的媽媽因為沒有其他的孩子可以做比較，所以容易凡事操心。但是一個值得深思的問題是：「難道孩子不能有比較不在行的項目嗎？孩子非得十全十美不可嗎？」

如果是考高中或是考大學的學科能力不理想，或許有必要想辦法克服它，但是上述提到的那些例子，媽媽們的疑惑是針對運動和樂器項目，因此我的回答是：

「這位媽媽，你說你的運動表現很差，請問你哪方面是比較擅長的？」

「我喜歡看書。特別是《清秀佳人》系列，我比班上任何一位同學都讀得快，這算是我的拿手項目。」媽媽充滿自信的說。

「是啊。每個人都有表現笨拙的項目，但也有令人羨慕的特長，只要對自己充滿信心就好了，不是嗎?或許你的孩子就像你一樣，是個天生的閱讀家呢!她絕對不會是個一無是處的孩子。」

至於豎笛吹得不好，就算測驗時孩子吹得荒腔走板、被譏笑也沒關係，培養孩子接受並容忍被取笑的心胸，也是很重要的!

獨生女的媽媽因為終日以孩子為重心，難免憂慮多。只要跟其他孩子一起比較，就會發現每個孩子其實都有自己的長處和不足。

■怎樣幫助孩子達成夢想

有一次跟一位音樂家閒談過往。

「我們年輕的時候，如果說要從事音樂工作，一定會遭到父母的強烈反對，有的甚至以斷絕父子關係為要脅，對孩子造成無可彌補的傷害，也影響了親子間的關係。正因為這樣，反倒激起我們要做給他們看的決心。

「但是現在情況跟過去不同了。現在的父母都非常明理，就算有部分父母反對孩子走上音樂這條路，還是會讓孩子試著達成夢想。甚至在孩子的演奏會上，爸爸都是座上佳賓。孩子也會很大方的向我介紹：『這是我爸爸。』」

「我也是常聽到家長說，因為孩子有怎樣的夢想，所以要盡可能栽培並支持他。儘管這個夢想有可能是成為歌手或是成為模特兒什麼的，我很驚訝父母竟如此開明。」

「現在的年輕人，沒有機會體驗過去那種全家人擠在四塊半榻榻米吃拉麵的貧苦生活和經驗，就連在小劇場演戲的年輕人也都是嬌生慣養的孩子，真的很幸福。只是，該怎麼說呢……」

聽到音樂家聊到這裡，我也一時為之語塞。

現今社會鼓勵孩子依據自己的個性自由發展，尋求多樣人生，不像過去那樣偏狹，這是很值得慶幸的改變。

常聽時下的父母說：「有夢最美。」現在的父母親不僅全力支持孩子參與藝能活動和藝術，甚至從高中開始就讓孩子到國外體驗海外留學生活。過去只有優秀的學生才能出國留學，相較之下，現在的年輕人實在是太幸運了。

但是該怎樣達成夢想，就有必要認真思考了。不過我並不是要父母專制的限定孩子要有怎樣的發展，而是還是由孩子決定自己的將來，父母只需默默支持，當孩子最有力的靠山，不要讓孩子的夢想無聲無息的幻滅就好了。

一種錯誤的心態是，因為只生一個孩子，於是把自己一輩子的成敗寄託在孩子身上，用金錢堆砌孩子的人生，極力想把孩子推上金字塔頂端，以為這樣就是對孩子好。其實過分擺佈孩子的命運，只會讓孩子的路走得更偏狹。

■ 長大成人了卻還非常孩子氣的獨生女

有些獨生女非常的獨立又堅強，但是，相反的，也有些獨生女已經長大成人了，卻還非常孩子氣。

所謂的孩子氣，指的是有的獨生女對事情沒有自己的想法，有的則是非常情緒化，天真的要所有的人都配合她的撒嬌心態。

我曾經與一位媽媽做了以下的晤談。

「我的一位朋友非常苦惱，因為她的女兒非常孩子氣，依賴心很重，什麼事都要媽媽幫她完成。朋友是屬於開朗型的媽媽，雖然一再拒絕孩子的要求，卻又覺得好像跟孩子有了距離。這個媽媽也是獨生女，但個性卻很獨立有主見，對照自己那依賴成習的女兒，覺得簡直是天壤之別。」

「不過，一個本身是獨生女的媽媽，不見得就會像剛剛那個媽媽一樣教養出一個依賴心重的孩子，這點請放心。可是近來類似這樣心智不夠成熟，好像永遠長不大的孩子，似乎有增多的趨勢，這大概也是少子化現象值得憂慮的一點。只要記得，跟孩子保持一點適當的距離，是比較理想的親子關係就好了。」我提供了一些觀點給這位媽媽。

那麼，什麼又是培養孩子心靈安定的必要條件呢？最基本的是提供孩子一個完整安定的家庭。

雙親有著親密的關係，是孕育孩子安定人格的前提。如果父母經常吵架或關係緊張，孩子一直處於察言觀色的氣氛下，個性一定會受到影響，如此一來，他可能無法建立良好的人際關係，有的甚至會採取「只要我喜歡，有什麼不可以」的任性行為。

至於家庭安定，具體而言，還是以「父母的感情好」為先決條件。父母彼此能夠相互體諒、照顧、相敬如賓的相處模式，孩子在耳濡目染之下，也會建立健全的人格。

「那樣我會感到很不好意思耶，好像故意表演給孩子看似的。」對於我的建議，也有媽媽這樣回應。

其實，我並不是要父母做什麼特別的事。比如說下大雨時，我發現已經很難看到妻子會特地拿把傘到站牌等待下班回家的先生了。雖然買雨傘是很方便的事，但是偶爾母女撐把傘去接爸爸回來，不是一幅充滿溫馨的畫面嗎？

人生中偶然的感人一幕，會在孩子內心留下難以抹滅的溫暖回憶。

■第 3 章

教養獨生女時，
媽媽的責任

獨生女會概括吸收來自媽媽的影響

有愈來愈多的爸爸，願意積極參與教育孩子的角色，這是個可喜的現象。但是一般而言，爸爸的工作時間通常較長，也比較忙碌，和孩子相處的時間不如媽媽來得多。

孩子通常會以身邊的成人為模仿對象，不論是說話遣詞、行為或思考模式，媽媽自然而然會成為仿效的範本。特別又因為媽媽和女兒是同一性別，沒有手足的獨生女凡事模仿媽媽，就好像呼吸空氣一樣自然。

如果媽媽是凡事都正面思考的類型，孩子一定也擁有開朗積極的個性。孩子從環境中吸收一切的能力非常驚人，言教可說是教育中很重要的一環。我並不是特意要給獨生女的媽媽壓力，老實說，一個家庭所呈現的氣氛，決定的重要因素在於媽媽。

有一個例子是這樣的。有個獨生女說：「爸爸因為生病了，所以為了撐起家計，媽媽真的很辛苦。不過，日子雖然過得很清苦，媽媽卻一點也不怨天尤人，我們還是擁有一個幸福快樂的家庭。最近媽媽還笑著說：『一定要過得更高興開懷才行。』」

媽媽神采奕奕的模樣，是孩子最好的教材。常聽到關於女性的勇敢故事，從結婚、生小孩到養育孩子，在人生的每一階段中，獨生女一步一腳印的走著從前媽媽也走過的路。

當然其中也有跟媽媽關係不佳的獨生女。「我絕對不要跟媽媽一樣。」有些獨生女認為媽媽是反面教材，努力走出跟媽媽完全不一樣的人生。不管做什麼選擇，媽媽對孩子的影響力依舊是最大的。

獨生女在經歷生產和育兒的人生歷程後，反倒較能體會媽媽的辛勞和用心，使彼此的關係得到改善。當自己步入中年後，看著媽媽逐漸衰老的背影，將有更深刻的感觸。獨生女看著媽媽年華老去時的姿態，終於明白人生「花無百日紅」的道理時，對媽媽的思念就會更深了。

■媽媽要記得讓女兒幫忙做該做的家事

讓我們聽聽媽媽們對孩子幫忙做家事的看法。

「我家的家規太鬆散了，就算規定幫忙做家事的時間，但是當孩子就是不動手時，我就會忍不住替他們完成。」

「說到這點，我感到有點慚愧。我並不要求孩子幫忙做家事，連最起碼的規定：回到家裡要洗手，他們也都做不到。」

這時，家中有三個女兒的媽媽說：「我們家規定，全家都要一起負責做家事，如果孩子不幫忙的話，生活就會陷入混亂。至於三個孩子各自該負責的項目，也都規定得很清楚。老三早上負責拿報紙；老二要清洗浴室；老大要把洗好的衣服收進來，另外，早餐用過的餐具也由老大負責清洗。三個姊妹都要洗自己的上衣，老二負責游泳後的泳衣清洗，老三也要每天更換幼稚園的圍兜。」獨生女的媽媽聽完不禁嘆了口氣。

雖然不是全然的照單全收，但是兄弟姊妹眾多的家庭，較傾向於嚴格施行家事分工，姊姊若被分配要幫忙做某些家事，弟弟也沒理由置身事外。

現在已經不流行「因為是女孩子，所以要幫忙做家事」這樣的說法了，有愈來愈多的家庭，不管是男孩或女孩，都一樣要幫忙整理家務。

只是日本社會目前仍然以家庭主婦為主流，獨生女若從小不訓練做家事，以後自組家庭時，就會有很多不方便。

不大讓孩子做家事的媽媽，可以分成兩種意見。「我很想嚴格要求孩子幫忙做家事，但卻不想聽到孩子的抱怨。」「從小媽媽就不要求我做家事，所以我也討厭要求自己的孩子。」

訓練孩子把幫忙做家事當成習慣，是家庭教育中很重要的一環。媽媽不要凡事都幫孩子打理好一切，應該要讓孩子有自主生活的能力，以免讓孩子養成依賴的個性。

■ 不贊成向學校請假去遊樂場玩

根據現在一些老師的說法，有少數家長會臨時通知他們：「今天要帶孩子去迪士尼樂園玩，所以要請假。」

問問母親的想法，理由是：「平常時間遊客比較少，可以好好地玩。因為能夠跟孩子一起出遊的時間有限，為了讓孩子留下歡樂的回憶，只好向學校請假。」帶孩子去迪士尼樂園玩，想必孩子一定也很興奮的期待著，也可以預期孩子一定玩得很開心。

不過，說是「為了讓孩子高興」，其實最想去的應該是媽媽吧！我希望媽媽能正視自己內心的真正想法。日本江戶川區附近的住宅賣得很好，主要原因據說是許多新婚家庭青睞它距離迪士尼樂園很近。我並不想對此做任何論斷，只是特地向學校請假去玩的做法，似乎有待商榷。

學校是集體學習的地方，就算覺得無聊不想去，也非去不可。媽媽帶頭選擇去迪士尼而不去學校的做法，會讓孩子誤以為玩樂比上學更重要；更極端的說法是，自己的歡樂與否，難道比社會規則更重要？因此我絕不贊成「該是上課的時間卻去迪士尼樂園」。

現代的媽媽，生長環境較過去好，在還未結婚時，也比較會自我享受，例如美食犒賞、名牌血拚、海外旅遊等。一旦結婚成了家庭主婦，又當了媽媽，容易對一成不變的生活感到枯燥單調，甚至還有一種被社會遺棄的寂寞感。儘管盡力把家事和教養孩子的責任都做得完善，但這一切努力彷彿都是應該的，得不到任何人的誇讚。

不過，就在這看似平淡無奇的生活中，孩子一天天的長大成人。請注意這平凡中的不平凡，家庭旅遊是很好的休閒活動，可以體會不同於平常的生活，並在旅遊中強化家人間的團體合作和感情。另外，公共場所應該注意的禮儀也是很好的生活題材，若能有意義的運用，是非常不錯的另類教養。

但是，例如帶年紀非常小的孩子去國外玩，他們對於旅遊中的一切將毫無記憶，所以究竟是媽媽自己想玩，還是真的是替孩子安排體驗生活呢？媽媽有必要誠實的自問。

■看重自己是性教育的第一步

「『媽媽，我是你跟爸爸結婚生下來的嗎？』女兒突然這樣問我，我含糊其辭的回答：『嗯』。這樣避重就輕的回答，是不是不好？」這個問題來自一位獨生女剛上國小一年級的媽媽。

究竟這位小女孩對「結婚生下來」的意思，了解到什麼樣的程度呢？恐怕僅只論於電視上打鬧嘻笑的誇張說法罷了。

現代是性資訊氾濫的時代，孩子觸目可及的電視、雜誌廣告或網路，都以露骨的語言和表現來闡釋「性」。父母再怎樣嚴格把關，還是無法將不正確的性知識阻擋在孩子的生活藩籬之外。

教育界也對性教育的施行採取不同的議論。有一派說法是，愈早對孩子實施性教育愈好；另一派則主張，性教育應該採取保守的態度。雙方各有各的觀點，議論上也有各自的堅持。

那麼，在家庭教育中，該怎樣讓孩子接觸性教育呢？我想每個家庭應該都有自己的主張，父母可以先針對這個問題好好談談，並整理意見。至於性教育的基本，我主張一定要好好的教導孩子看重自己的身體。像前面一開始的疑問，父母可以藉機告訴女兒，她是因為「愛」，才被生下來的。

「因為媽媽非常喜歡爸爸，爸爸也非常喜歡媽媽，所以就生下了你。」孩子會因為這樣的回答而真實的感覺到自己擁有來自父母的愛，並且重視自己的身體，這便成為性知識的基礎。就算孩子到了青春期，我想她對太踰越的身體接觸也會有所節制。

另一個重點是，教育孩子看重自己的身體。千萬要叮嚀孩子，內褲和下半身是非常重要的地方，不僅要保持清潔，而且是別人看不得、摸不得的私密處。

想要侵犯女孩子的犯罪者，通常會用甜言蜜語來打動或接近她們。「父母要一再的告誡孩子，如果對方要對她做侵犯身體的事情時，要嚴正拒絕或立刻逃走，或是毫不猶豫的使用防身口哨來警告對方的不軌意圖。『因為你很勇敢，歹徒就不敢輕舉妄動。』」

同樣是獨生女，個性上的差異還是很大。有的人非常早熟，有的人則比較單純。但是孩子年紀小時，根本不懂什麼叫危險。在孩子成長的每一階段中，都要告訴孩子應該注意的危險。當然不是要講一些引起孩子恐懼的話，而是要以同理心讓孩子知道，現在是重視危機管理的時代。

■女孩子該有的禮儀

當我在小學校園和孩子接觸時，雖然他們都還只是小孩子，可是很自然的就可以發現，孩子之間會有「男孩子就像男孩子」、「女孩子就像女孩子」的差異。

雖然最近男孩和女孩的差異不再那麼明顯了，但是我想，女孩子還是應該有女孩子該有的禮儀。

「我爸爸媽媽對禮教十分看重。除了筷子要上下對齊外，玄關上的鞋子不管是自己的還是客人的，都要排列整齊，常常叨唸這、叨念那的，弄得我好煩。因為我不喜歡以前父母對我的管束，所以我也不想這樣管自己的小孩，因此，我們家並不講究禮儀。」這是一位年輕媽媽的告白。

「但是，現在很多高中女學生，也不管姿態雅不雅觀，一屁股就坐在地上。」

「真的很難看，內褲都被人一覽無遺了，讓我都覺得不好意思。我的第一個想法是，難道地上不髒嗎？還有，她的父母是怎麼教她的？難道不用管管她的禮儀嗎？」

一進入這個話題，年輕媽媽也很能理解，為什麼很多人還是堅持要適度的管教。現在雖然已經不是要求女孩子一定要「靜如處子」的時代了，但是最起碼不要出現讓旁人看了會皺眉頭的姿態。所謂的禮儀，就是讓舉手投足看起來優美。

女性最基本的禮儀是，坐時要雙膝合攏，以不被看到小褲褲為主要要求；走路時不要發出聲響；吃飯要有吃飯的樣子；其他諸如上完廁所的禮節，以及洗臉檯該保持清潔等，都是平日媽媽就要教好的部分，而且要讓孩子從小養成習慣。例如有個女孩子被人批評：「吃東西的聲音好大聲，讓人感覺很不舒服。」雖然旁人常常提醒她，她也有心想改過來，但是因為已經長大成人養成壞習慣了，想改都很難。

所以要趁孩子年紀小的時候，養成良好的生活禮儀。媽媽可以以自己的要求為基準，但是千萬不要因為「自己也不太像女孩子，所以也不敢嚴格要求她」。

要知道，孩子愈不管教，就會愈加放肆。如果媽媽認為孩子在成長過程中，知道哪些行為是不妥、是會引人側目的，孩子會自我糾正的話，那可就是非常不正確的想法了。

■叛逆的獨生女要求一個「很漂亮的媽媽」

「每次跟女兒出門前，她都會對我品頭論足一番，來個服裝儀容大檢查。很煩耶！有時批評我的鞋子顏色不對。『今天要去原宿逛，你穿得太邋遢了，我可不想跟你走在一起。』聽女兒這樣說，我當然要馬上數落她：『啊？媽媽那麼辛苦的生下你，又把你養得這麼大，去原宿逛街還怕我讓你丟臉，不要跟我走在一起？』」

媽媽跟女兒有時就是這樣你一言我一語的互槓了起來。當孩子上國小高年級，比較懂事後，會是媽媽很好的聊天夥伴。很多獨生女的媽媽會欣慰的感覺「生女兒真好」，「可以跟女兒一起去逛街，真是快樂」。

但是，也有女兒跟媽媽很不對盤的，甚至批評起媽媽可是相當辛辣。「媽媽的價值觀太古板了，我才不想聽呢！」「媽媽是家庭主婦，根本不懂社會上的事。」「每次都要我讀書、讀書，自己雖然是國立大學畢業的，結果怎樣，還不是淪落到在家當打掃婆而已？」聽到孩子的評斷，媽媽也只能為之語塞。因為女兒對媽媽的行為也下了功夫觀察。

「我並不是媽媽的玩偶。」叛逆期的女孩子總是伺機找媽媽的弱點，隨時反駁回擊。這個階段的孩子大都還跟家人住在一起，正面臨著對自我的摸索和未來的不確定感，總是動不動就像哪裡得罪她了。青春期的女孩子，前一分鐘還跟你有說有笑的，下一分鐘就馬上跌入憂慮的深淵。對父母的態度也是時而反抗，時而撒嬌。有時是得理不饒人的反抗；有時是言語前後矛盾、論述不通，卻還強行狡辯不肯認輸。其實她還只是個孩子而已，但是要用講理的方式來說服她，根本行不通，有點「秀才遇到兵，有理講不清」的感覺。

如果女兒用刻薄的話和輕蔑的態度說：「媽媽，你怎麼穿這樣？」其實她衷心期盼的只是「一個值得尊敬而且漂亮的媽媽」而已。面對女兒充滿叛逆的語言傷害，媽媽不要只是把它歸咎於「因為她還是個孩子，所以不懂事」；相反的，應該聽一聽孩子話裡的幾分真意。

■獨生女的媽媽可以做自己想做的事

「我充分體會『沒有快樂的媽媽，就沒有快樂的孩子』這句話的道理。當自己的情緒很暴躁時，不可避免的會以罵人的方式來發洩，這對親子關係將是一種傷害，所以我盡可能不讓壓力囤積。」

有這種體認的媽媽愈來愈多了。試著問問她們的解壓方式：「把孩子留在娘家，一個人出去血拼」、「跟朋友去卡拉OK唱歌」、「半夜一個人狂吃甜點」，這是某些人採取的抗壓方式。

「自己一個人去洗溫泉。」也有人這麼做。現在的先生都頗能體諒妻子，也都能寬容的看待妻子的行為和情緒，而娘家的父母和姑嫂們也能加以協助。過去那種「嫁出去的女兒，潑出去的水」的觀念，早已漸漸式微。

獨生女的媽媽相較於有數個孩子要養育的媽媽，花在帶孩子的時間要少很多。因此若要請娘家親戚照顧一下孩子，就不能不考慮對方的方便性。如果只是讓娘家幫個忙，只有一個孩子是省事很多。

能夠支配自己的時間，這樣的自由是很珍貴的，媽媽們可能都非常企盼這樣的情緒出口。

「獨生女的媽媽因為可以早早脫離育兒的人生階段，大可好好的規劃未來的生活，而不僅僅是以消除壓力為目的而已，可以培養一輩子的興趣，或者是為將來的二度就業做準備。雖然只生一個女兒，但我不想被綁死，還是想擁有自己的世界。」這是一位獨生女媽媽的經驗談。

到文化中心參加研習，想要實現自己理想的人很多，不論哪個年齡層，女性總是顯得很積極。有人一開始只是學著好玩，但最後卻成為專家，其中不乏四、五十歲的女性選擇把孩子留在家，自己到國外留學的例子。我想這是現代女性生活的另一種面貌。

極力追求夢想、不屈不撓的媽媽的姿態，是獨生女很好的借鏡。不是把夢想寄託在獨生女身上，而是自己去實現夢想，這樣的媽媽是女兒的驕傲。

■第 4 章

教養獨生女時，
爸爸的責任

■孩子終究要獨自面對外面的世界

這一章要討論爸爸在子女教養過程中所扮演的角色。

對爸爸而言，女兒的可愛是無人可比擬的；甚至有人說，「女兒是爸爸前世的情人」，可見爸爸和女兒之間親密又微妙的情感。有不少父親不但會在皮夾裡隨身攜帶女兒的照片，逢人不忘拿出來給別人看，連行動電話和電腦的桌布上也放著女兒的照片。

如果你一不小心跟爸爸談到他那可愛的女兒，不消幾秒鐘，保證爸爸會馬上得意的拿出隨身攜帶的照片，而且鐵定跟以前的那張照片不一樣。你只要瞄那照片一眼，爸爸就會立刻跟你解釋：「你看她的嘴巴，真是說不出的可愛。」經爸爸這麼一點醒，一股可愛的感覺似乎真的就汩汩流出，周遭朋友也在不知不覺間，感染了為人父者所散發出對女兒的滿滿關愛。

或許你不會相信，同樣一張小嘴巴，有朝一日竟然會不假思索的說出「爸爸好臭，我才不要去你那裡」這樣傷人的話。但是不管怎麼樣，身為父親，還是會覺得孩子睡著時的臉龐是那麼的天真無邪，即便她有時會無法體恤你的心情和辛苦。可是，孩子會有長大的一天，必須自己去面對外面的世界，必須學習獨立自主，脫離父母的羽翼，學著和其他人相處。教導孩子謙和體恤他人是必要的，但是偶爾為了貫徹自己的想法，適時的堅持也是很重要的。同時，孩子也必須獨立面對困難，並在困難中學習磨鍊與忍耐。

那麼，誰能教導孩子這些該知道的待人處事原則呢？只有最愛女兒的爸爸和媽媽了。告訴孩子怎樣與芸芸眾生和諧相處的禮儀、該如何判斷是非，這跟摸摸孩子的頭以表示父母的慈愛是一樣重要的。

所以當別人給我看他可愛女兒的照片時，我總是語重心長的說：「有這麼可愛的女兒，一定要好好栽培她。」聽我這麼說，大家都會莞爾一笑的點頭贊成。

接著我會繼續說：「夫妻兩人要同心協力栽培孩子。」要由夫妻兩人一起努力，培養孩子的世界觀。所謂的同心協力，指的不僅僅是爸爸努力工作賺錢，媽媽負責孩子的禮儀和教育這樣的分工，還包括參與孩子成長過程中所有的歷程。

既然禮儀的訓練和教育，都是對女兒關愛的表現，所以希望爸爸也要積極參與。

父親有父親的親情表現，在禮儀的訓練和教育上，也有父親該盡的責任，這是本章要爸爸思考的部分。

■為孩子指示一條出社會的路，是爸爸的責任

教養獨生女時，爸爸到底該擔負哪些任務呢？簡單的說，就是要培養孩子能夠不依賴他人，自食其力。或許「不依賴他人」這樣的說法有點太過苛求，總之，就是要讓孩子有能力可以自立更生。爸爸的職責是，帶領孩子認識自己、認識世界，讓孩子長大成人後，能夠選擇自己鍾愛的工作並樂在其中。

剛才我說要訓練獨生女「不依賴他人」，是有理由的。因為獨生女和媽媽在一起的時間比較長，情感也比較緊密，很容易變成隨時「黏在一起」。因此，怎樣讓獨生女在生活上不要那麼依賴媽媽，就要靠爸爸幫忙了。

媽媽和亭亭玉立的女兒走在一起時，如果被誤認是姊妹，通常會樂上大半天。似乎有部分的媽媽其實很樂意自己和女兒能夠像姊妹一樣，一直膩在一塊。當然這不全

然是壞事，有好的一面，也有不好的一面。「焦仲不離」的相處模式，不僅爸爸認為「利弊參半」，媽媽和女兒也會有同樣感想。

媽媽和孩子感情好得像姊妹，好的一面表示彼此間沒有代溝，但是如果發展到無法離開彼此的地步，就不是簡簡單單的「令人羨慕」這樣的字眼可以概括的。那種依存關係是密合到孩子離不開媽媽、媽媽也離不開孩子的程度。

我們常常會聽到媽媽把這樣的話掛在嘴邊：「因為爸爸常常不在家，有女兒陪在身邊，我也比較不會寂寞。」連對先生的稱呼，也學孩子一樣叫「爸爸」，是一切問題的癥結所在。

跟外人提到自己的先生，也以「爸爸」為代號的媽媽，是否表示對女兒的依賴性太大了，讓我們好好思考這之間所牽涉的問題。

如果太太叫先生時，像女兒似的也叫「爸爸」時，這時先生應該和顏悅色的提醒太太：「我可不是你『爸爸』喔！」偶爾也要告訴女兒：「不要凡事都依賴媽媽、聽媽媽的決定，有時候也應該依照自己的想法來行動。」只要不斷重複類似的叮嚀，女兒和媽媽就比較能夠減少彼此間太過緊密的狀況。

可是做爸爸要先有心理準備，做這些事情時，會招致妻女「因為我們感情太好，爸爸嫉妒了」之類批判的心理準備。

不管別人怎麼想，讓女兒和媽媽之間保持理性的距離，是爸爸責無旁貸的責任。

「不行就是不行」，適度的嚴厲是爸爸的責任

■

媽媽是妥協的代名詞。

「如果吃不下飯的話，至少吃點菜。」「如果不想打掃房間的話，至少把房間收拾一下，不要亂七八糟的。」媽媽很會替孩子打圓場，找出一個妥協點。就連罵孩子也充滿讓步：「拜託，請讓我安靜一下。如果你可以安靜的自己玩，等一下我就給你糖果。」

有的孩子目中無人，根本不把媽媽的話當一回事，當媽媽板起臉孔教訓孩子時，責罵中還是充滿妥協的暗示：「你這麼不乖，為什麼都不聽媽媽的話呢?因為你都不聽媽媽的話，所以媽媽以後也不聽你說話了。」其實孩子比誰都清楚，只要用點腦

筋，媽媽還是會妥協的。

在餐廳用餐時，傳過來嬌滴滴的小女孩聲音。「我可以吃番茄，可是我不要吃花椰菜，拜託嘛！」

「不行喔，花椰菜很有營養，一定要吃。」

「可是我真的不想吃，拜託嘛！」

「好啦，好啦，爸爸吃掉。」這個家的爸爸做了妥協。想當然，這是個只有一個獨生女的小家庭。

雖然是旁人聽了會忍不住想笑的普通家庭會話，孩子卻在一次又一次的責罵與妥協中，學會應付的要領。這樣的場面也常常發生在超級市場。小女孩兩手抓著糖果，一邊哭一邊叫著說要買糖。媽媽要她把東西放回去，小女孩硬是不從。在我還在猜想事情會怎麼演變時，勝負已見分曉。敵不過無理取鬧的女兒，認輸的媽媽說：「算了，你選一種吧！」妥協是錯誤的決定。但是該怎麼做才好，這時可能需要爸爸出面維持秩序。

像第一個在餐廳吃飯的例子，如果媽媽怎麼勸說都沒有用的話，這時爸爸就應該語氣堅定的說：「是你點的東西，就應該由你全部吃完。」或者只要簡潔的說：「聽媽媽的話！」

這裡要透露的一個重要訊息時，平常就要讓孩子知道爸爸是絕不妥協的。特別是對非常小的孩子，要常常提醒她：「爸爸平常不會生氣，可是如果生氣起來可是很嚇人的。」當然絕對不能對孩子使用暴力，但是適時的厲聲阻止，還有「不可以就是不可以」的不妥協政策，是爸爸一定要堅持的最後防線。

■ 家規律法的制定主導權在爸爸

因為獨生女是父母的生活重心，導致家庭生活幾乎都以孩子為中心打轉。特別是孩子直接參與的事，例如吃飯要配什麼菜、電視節目的選擇、假日去哪裡玩等等，很多掌控權幾乎都在寶貝獨生女身上。

一位熟識的朋友連車上聽的音樂，都是孩子愛聽的CD。「如果不聽她要聽的音樂，她就會不高興。」在擠得像沙丁魚的車陣中，一部家庭房車傳來「小美人魚」的卡通歌曲，光想像就夠令人捧腹大笑了。

但是事實上，以孩子為生活重心的方式不可能一直持續下去，也不能讓獨生女總是宛如家中「女皇」那樣為所欲為。

或許我做這樣的歸納，會遭到部分媽媽們的反彈。「隨著孩子的成長，家族的生活模式自然會有所改變。」或許「女皇」這種說法有點過於嚴重，但是獨生女的父母在教育態度方面如果不謹慎一點，孩子驕縱慣了，不知不覺就真的會像蠻橫的女皇一樣了。

以看電視為例，隨著孩子長大，觀看的節目會有點變化。但是所謂的變化，不過是從卡通變成青少女風靡的偶像劇而已。不變的是，孩子仍繼續掌握電視遙控器。

有一個家庭，因為媽媽聽任孩子的意見，跟著孩子看她想看的電視，後來媽媽也迷上了偶像劇。爸爸回到家想看棒球轉播，母女竟聯手反對，繼續看她們愛看的連續劇，害得一家之主只好嘀咕：「我不過是供家裡兩個女皇差使的僕人罷了，連看個電視的自由都沒有。」

確實，對媽媽和女兒而言，家裡的生活方式隨著孩子的長大是有一點變化，但是對爸爸而言，如果電視遙控器的掌控權一直晦暗不明，情況實在很悲慘。採多數表決的方式，對爸爸而言，也是絕對不利的。

當然，我們並不是鼓勵要重振父親的權威，而是父親應該也要有對於家規制定的主導權，還有提醒媽媽和女兒尊重少數人意見的呼籲。

在很自然的情況下，媽媽和女兒在興趣上和思想上會比較契合，但是在可以讓孩子做一點自己想做的事情的前提下，爸爸應該研擬一套可以讓全家都和樂融融的家規。

當然不是說所有的家規一定要有所謂的家規，而是可以仿照英國家庭那樣採取「習慣法」，也就是父母趁孩子還小的時候，就開始慢慢討論並建立家中該遵守的法則。

■讓孩子知道在家裡的應盡職責

前面提到家規制定的必要性，那麼，究竟該制定哪些家規呢？

以我的家庭為例，家規的原案先委託內人代為擬定，然後要求家中每一份子確實遵守。之所以如此做的理由有兩個。

第一，因為太太是最了解家中一切情形的人，為了更順遂的推行家規，太太可以做出最具體的提案。在大致的規範下，再加入代表少數人意見的我的意願，那麼在尊重彼此的需求下，會使家規運作起來更得心應手。

第二個理由是，自己制定的規則，自己也比較容易遵守。以看電視為例，平常母女兩人愛看什麼電視節目可以自己商量；偶爾，在非常特殊的情況下，如果我突然提早回家想看棒球轉播，那麼就請好心的太太和女兒禮讓一下。這樣的家規，其整體架構是以大家為著眼點，並由太太來擬定，不過額外再加上一些特殊情形時的處理法規。

既然是家規，要求的精神是，不說謊、不隱瞞，家裡三個人協力過好快樂的生活。不單單只為一個人的快樂而存在，而是要求每一個人都要盡到自己的職責，這就是家規。比如說，如果打掃房子是太太的責任，那麼洗澡間的打掃可能就由通常是最後一個洗澡的爸爸來負責。

制定家規最重要的一點是，家規的制定上一定要加入孩子對家庭工作的投入。更進一步說，家規制定的真正目的是，讓獨生女在參與家中這一宛如小型社會的工作時，有應該盡力做好自己份內工作的體認。

只要能力允許，到了一定年紀，可以幫忙洗盤子，就讓她洗盤子；可以搬運盆景或是幫植物澆水，都要讓女兒插上一手。規定該由誰負責的事，任何人都不可以插手幫忙完成。既然是決定的事，每個人都要確實遵守。

注意，絕不可以妥協。這是爸爸的職責。「你忘記澆水了，花會乾枯死掉喔！」爸爸要注意叮嚀孩子。隨著女兒的成長，慢慢放手讓孩子參與，讓孩子知道怎樣盡到自己在家中的責任，也養成負責的習慣。

■讓孩子看到爸爸的「好」

通常一個上班族家庭，爸爸活躍的舞台都是家庭以外的場所，在家很難得看到爸爸的表現。

有的爸爸非常喜歡棒球，甚至加入社區球隊。若有比賽，為了讓女兒看看爸爸在球場上的英姿，有些爸爸會央求媽媽帶女兒到球場來觀戰。興奮的爸爸，這一天無論在守備上或是打擊上都發揮得無懈可擊，不但腳程跑起來特別賣力，揮棒也特別精準，終於贏得勝利。

當爸爸閃爍著驕傲的眼神問孩子：「你覺得爸爸表現得怎麼樣？」沒想到女兒竟不假思索的回答：「爸爸的衣服好髒喔，這下媽媽可有得洗了。」

對棒球沒有興趣的女兒，關心的不是活躍在球場上英姿煥發的爸爸。的確，對她來說，媽媽才是她日常生活中比較熟悉的人，所以她的話題也就顯得帶有「媽媽經」。

到底該怎樣親近孩子呢？我的建議是，當家人碰到討厭或是麻煩的事時，爸爸要能甘之如飴的承擔下來。例如，家裡突然闖進一隻迷路的蜜蜂，這時爸爸應二話不說，馬上帶妻女到安全的場所，然後拿出殺蟲劑把蜜蜂轟出去。另外，被告知「下水道的水管塞住了」，便要不畏下水道的惡臭，挽起衣袖，想辦法整治一番。如果太太討厭蟑螂，那麼拿起拖鞋追殺蟑螂，就是先生義無反顧該做的事了。誇張一點的說，如果孩子目睹幾次這樣英勇能幹的爸爸，自然而然的會對爸爸產生幾分依賴。

對獨生女而言，父親代表的是男性的一切。男性的好或壞，女兒都從爸爸的身上看到。「不要看我爸爸一副威武的樣子，其實是個膽小鬼，他非常討厭蛾，只要家裡有蛾飛進來，他會一邊死命的逃跑，一邊要媽媽『趕快把牠趕出去』。」我聽過背地裡這樣取笑老爸的少女。

「每次我爸都拜託我媽『到巷口幫我買瓶啤酒』。如果爸爸要我去買，我就頂他『不要嫌麻煩，要喝自己去買！』」也有少女這樣告訴我。

其實孩子會巨細靡遺的觀察父母以為不會被注意到的細節，也會聽到以為不被注意的話。因此再瑣碎、再討厭、再麻煩的事，都要請父親甘之如飴的去做，這對孩子而言，就是很好的機會教育了。

■爸爸要讓孩子明白的真相

老一輩的人告訴我們待人要親切。我在擔任小學校長時，也不斷提醒孩子這樣的處世原則。

當我還是小孩子的時候，記得每當碰到陌生人問路，我不僅口頭上會告知，甚至還會親自帶路，這在當時是很普遍的做法。但是現在的世代，卻不得不再三告誡孩子，絕對不可以幫這種忙。雖然這是非常令人難過的改變，不過現實畢竟是殘酷的，因為近來常發生孩子被綁架撕票或是性侵凌虐等駭人聽聞的事件，逼得學校不得不採取相對的因應措施。

教育單位不僅要隨時提醒孩童，不可以隨便聽信陌生人的話，另外還要請爸爸告誡自己的孩子：世界上並不是只有好人。爸爸最了解孩子的個性，知道該用怎樣的方式警告孩子。

有個性沉穩的孩子，也有活潑充滿好奇心的孩子。「你的個性容易慌張，所以我最擔心有陌生人騙你說媽媽受傷住院了，我怕你一緊張，就忘記怎樣判斷事情的真假，跟著壞人走了……」爸爸最了解孩子個性上的弱點，平常就要沙盤推演可能發生的狀況。

但是如果孩子生性比較多疑，是那種「認為所有人都是小偷」的個性，就不用再耳提面命或灌輸孩子太負面的想法了。當然，幼稚園或小學對這樣的孩童，可能也要用其他方式來引導。

對絕大多數的孩子而言，為了讓孩童免除種種危險的威脅，簡單的教導綱領就是

「不要隨便跟陌生人搭訕」。這真是無可奈何的告誡；這種教導可能招致的反效果就是，對大人永遠心懷戒心，並且不敢親切待人。

但是面對可愛的女兒，我們的基礎論調應該是，世界上大部分的人都是好人，但是爸爸要跟孩子一起探索世界上可能存在的險惡。大人的責任是，創造一個能讓孩子安心的親切待人的社會。

■ 爸爸的讚美方式

孩子需要適情適性的讚美。當孩子年紀還小的時候，隨時隨地都可以得到讚美，媽媽開口閉口對孩子總是充滿稱讚。「好厲害喔，你竟然可以把衣服穿好，而且還會把脫下來的衣服丟到洗衣機，真是個好棒的小姊姊呢！」這種處處驚喜、時刻讚美的情形，隨著孩子逐漸長大，漸漸被不滿意的碎碎念所取代。

「穿這麼暴露的衣服要去哪裡玩？穿平常一點的衣服出門不行嗎？自己換下來的衣服有沒有自己洗好？不要光只知道玩，偶爾也要幫幫家裡一點忙吧？」孩子年紀漸長，常常是原本打算讚美的場面，話到嘴邊又變成了嘮叨。

或許是隨著孩子的長大，父母對孩子的期許也愈來愈高，值得讚美的事情也愈來愈難找。特別是每天都跟孩子在一起的媽媽，更容易只看到孩子的缺點。這時可能就要勞駕爸爸出面了。

平常不是很注意細節的爸爸，這個時候最容易看到女兒的優點了。女兒稍微大一點時，媽媽漸漸的不那麼愛稱讚了，取而代之的是鍾愛女兒的爸爸。可是稱讚也是要講究方法的。

爸爸不能在媽媽才剛罵完孩子後，隨即推翻媽媽的說法，稱讚女兒：「雖然媽媽那樣說你，不過我倒不覺得衣服太暴露了，其實還滿適合你的。」這根本不是讚美，反而因為父母一下子褒一下子貶，只會讓女兒無所適從。

要讚美孩子，請不要在外表的話題上打轉，而是應該針對孩子的努力和態度做觀察與褒揚。只要孩子的表現比媽媽預期中要好，哪怕只是一點點，也要毫不吝嗇的誇讚。

隨時隨地都可以讚美孩子所付出的努力，如此會使孩子值得讚美的機會增加。比如說，媽媽埋怨：「明明都送她去補習了，成績卻一直沒有進步，該怎麼辦？」碰到這樣的數落，爸爸可以替女兒說句話：「我覺得她很努力啊！」

這時女兒可能會說：「可是媽媽覺得我的成績一點都沒進步。」

「最重要的是持續努力。爸爸觀察到你都沒有偷懶，一直很努力的讀書，爸爸覺得你很棒！不要急，慢慢來，現在開始，我們要更努力才行。」我想孩子在這樣的激勵下，一定會堅持下去的。

如果你的孩子遇到挫折仍能不懈怠，請看著她努力的身影，給予深情的讚美。

■第 5 章
注意獨生女成長的訊息

■孩子的本性都很任性

一臉憂心的媽媽來找我諮詢：「我的女兒非常任性，是因為她是獨生女的關係嗎？這讓我不得不擔心。」

「你女兒幾歲了？」

「兩歲了。」

每次聽到類似的煩惱，我都不免感慨獨生女的教養真是難為了父母啊！為了安慰忐忑不安的媽媽，我告訴她：「小孩子不管是不是家中唯一的寶貝，本性都會比較任性。或許爸爸和媽媽都基於愛孩子的心情，在態度上總是太溫和了。不過，孩子畢竟還沒有長大成人，在這段成長的時間，只要有心，還是可以慢慢把孩子教養好的。」聽到我的話，這位媽媽才露出寬慰的表情。

現在社會以小家庭為核心家庭，身邊可以提供關於教養諮詢的人，已經不像從前的人那樣多了。或許正是因為這樣的緣故，使得在以前被視為無關緊要的問題，在現代的媽媽看來卻感到心煩得不得了。這位年輕媽媽的顧慮，若在一些長輩的眼中看來，可能會覺得小題大做也說不定。

兩歲孩子的媽媽似乎容易憂慮成性，但是家中有四、五歲的孩子，又是怎樣的情形呢？

這個「狗都嫌」的年紀的孩子，就算有弟弟妹妹，也一樣惹人憂心。牛脾氣跟「任性的獨生子女」一樣，都讓媽媽放心不下。

同樣的，我也是奉勸一些擔心的媽媽：「孩子畢竟還沒長大成人，這段成長的時間，只要有心，還是可以慢慢把孩子教養好的。」只要父母不喜歡一個任性的孩子，孩子就不可能到長大成人時還是個任性的傢伙。如果媽媽一開始就認為「因為是家中的唯一孩子，難免會比較任性」，這樣的態度在基本上就是個錯誤。每個孩子都在父母所建構的環境基礎下長大，跟別人家的孩子做比較是沒有意義的。

如果說孩子從幼年到成熟有二十年的光景，父母的責任就是如何在這二十年間把孩子教養好。不要焦慮或擔心，只要快樂的用對的方式教養孩子就好了。

當孩子願意和別人分享時，請大大的讚美孩子

■

對尚且年幼的孩子而言，由於仍處於自我中心階段，要她拿出心愛的東西和別人分享，的確是件非常不容易的事。就算旁人要求再三，孩子還是不為所動。不少獨生子女的媽媽看到孩子頑劣的態度，不免自問是否因為自己教導無方，才讓孩子這麼不受教。

「不管我怎樣軟硬兼施，孩子就是不肯和別人分享。」幾個媽媽相約帶孩子到公園的樹蔭下玩耍。其中一個小女孩開始吃起糖果，媽媽要她把糖果分給其他小朋友，孩子沉默的搖搖頭。

「不可以小氣，把糖果分給其他小朋友一起吃。」媽媽的語氣強硬了一點。

小女孩還是堅決的搖頭說：「不要。」場面有點尷尬。媽媽只好動手把糖果搶過來，小女孩氣得哭了起來。

或許這個小女孩在家裡是個願意把糖果分享給媽媽或爸爸的寶貝，不過媽媽讓小女孩把糖果帶到外面，就是媽媽粗心大意的地方了。如果糖果是由媽媽帶到公園分給

其他小朋友就好了，媽媽可以先做好的示範給孩子看，孩子才會產生「見賢思齊」的想法。

獨生女平常對喜愛的糖果或是玩具，都是想要就可以擁有，因此很難發現分享給他人的樂趣。首先，媽媽和爸爸要讓孩子知道分享的樂趣。如果孩子願意和別人分享，爸爸和媽媽一定要不忘說聲「謝謝」，甚至還要大大地誇讚孩子「你好棒喔」、「你真乖」。孩子都喜歡得到稱讚，為了得到讚美，會更願意和別人分享，同時能逐漸體會到給予的快樂，也能感受到「施比受更有福」的快樂。所以，父母希望孩子能夠主動和他人分享，首先要讓孩子體驗到跟他人分享的樂趣。

■如何讓孩子懂得溝通協調

獨生女從出生開始，生活重心只有和爸爸、媽媽建立起來單純的三人關係。直到上了幼稚園、小學、才藝班後，才開始結交朋友，擴大生活範圍。

為人父母者無不希望孩子能夠人見人愛，擁有隨和、容易與人相處的個性。如果孩子的個性很任性或一意孤行，恐怕會影響人際關係，不容易交到朋友。

獨生女因為集父母和長輩的寵愛於一身，一般而言會比較以自我為中心；少了兄弟姊妹間的交流摩擦，在人際關係上也顯得較拘謹、不知應對。所以一般來說，會認為獨生女比較不懂得溝通協調。

確實，跟有兄弟姊妹的孩子比較起來，獨生女在日常生活中跟他人學習協調的機會可以說少很多。但是，如果這樣就要妄下定論認為獨生女不懂協調，卻也是個誤解。因為即使沒有兄弟姊妹，還是可以訓練獨生女的協調性。

父母要做的一件事是，培養獨生女忍耐和耐心。家中有兄弟姊妹的孩子，在日常的關係中很自然的必須練就「忍耐」的功夫，才能安然的度過順遂的一天。

「書借我。」

「我正在看，等我看完再借你。」

類似這樣的事，每天都要上演好幾回，所以不忍耐不行。雖然忍耐不全然等同於合群，但是唯有懂得忍耐，才能夠心平氣和的表達自己的主張，也才能夠好好的聽對方講話。任性的孩子通常就是不能忍耐的孩子，無法有耐心的好好表達自己的主張，也沒辦法聽進去別人的話。

孩子想要什麼，不可以立刻無條件答應，至少應該要讓孩子「等待」一下，這是只有獨生女、爸爸、媽媽三個人組成的家庭中，給獨生女的一項非常重要的訓練。父母不能事事遷就孩子的欲望，凡事都以孩子為中心，應該讓孩子有機會學習忍耐。只要父母同心協力的培養孩子忍耐的功夫，對擴展孩子的人際關係將有很大的幫助，孩子會比較容易結交到好朋友。要讓孩子覺得，很多事情都需要一點點的忍耐和期待才是正確的。隨著孩子的交友範圍擴大，忍耐會慢慢派上用場。

■當孩子開始說謊時，表示孩子正在長大

孩子說謊的原因不外乎為了撇清關係或逃離困境。雖然說謊是不好的行為，但是過於歇斯底里的譴責，也是錯誤的做法。因為用罵的方式，並無法導正孩子說謊的習慣。

為了不挨罵，孩子會編更巧妙的謊；如果媽媽因而生氣的加以責罵，孩子只好想

盡辦法編造更多謊言……，如此不斷的惡性循環，說謊、責罵，再說謊、再責罵，結果只會讓孩子變得更善於說謊。

要讓孩子不說謊，唯一的做法是，千萬不要逼供。有些孩子因為不想上鋼琴課，所以一再的逃課、說謊，背著媽媽偷偷跟朋友跑出去玩。這種謊很快就會被拆穿了，於是媽媽氣急敗壞的開始逼問：「你為什麼要說謊？你給我說清楚。媽媽本來是很相信你的。你什麼時候變成一個可以面不改色講謊話的孩子了？你說謊，媽媽都知道了，快說，你為什麼要騙人？……」媽媽的憤怒是可以理解的，只是如此嚴厲的質問只會帶來反效果。一再咄咄逼人的要孩子解釋清楚，只會令孩子更加退縮。

冷靜思考一下就會發現，與其措辭嚴厲的要孩子承認錯誤，不如深入探究孩子說謊的背後原因。這時不如一針見血的探查孩子的心理狀況。「最近你沒去上鋼琴課，鋼琴老師很擔心呢！為什麼不想去呢？」

孩子可能會告訴你是因為「練琴很無聊」，話匣子一開，你就可以再慢慢引導孩子說出內心的想法了。當你了解孩子不願上課的原因後，可以藉此分析孩子適不適合再學下去，或者該做某些調整。

最後的結果是，要讓孩子知道：「你沒去上課卻說有，你說了謊，媽媽都知道。你必須為『說謊』這件事跟媽媽道歉，並保證今後不再說謊。」

即使如此，還是很難避免日後孩子不說謊，不過說謊的動機一定是因為想要掩飾什麼。只要好好的探究動機，你就可以發現孩子正在成長的某些訊息。

「只要你對媽媽說了謊，很快就會被拆穿的。」只要媽媽和孩子都有這樣的認知，在一再的溝通下，媽媽可以藉此看到孩子成長的軌跡。

■ 叛逆期是孩子獨立的開始

「你最近的服裝會不會太暴露了？」媽媽對小學五年級女兒的裝扮有點意見。沒想到卻換來女兒的反唇相譏：「媽媽最近都不化妝，好偷懶喔！」一向順從乖巧的女兒，不曉得從什麼時候開始，會吹毛求疵的批評爸爸和媽媽，進入所謂的叛逆期。

這種叛逆期的表徵有幾種方式，比方說講諷刺的話、不理會對父母的勸告，或是整天都自己關在房間裡等等。更有在家一副老實穩重模樣的孩子，出門在外竟是又抽煙又偷竊，父母千萬大意不得。

這樣的叛逆期大概從國小高年級開始，一直延續到國中、高中。二歲到四歲的幼兒也有一段叛逆期，所以一般會把青春期的反抗視為第二次的叛逆期。

獨生女也會有叛逆期。一向乖巧聽話的女兒，突然間開始違逆父母。這時父母如果像以往般緊迫盯人的問：「功課做完了嗎？」或許得到的是很不客氣的回答：「不要一直問好不好！要做我自己會做。」

其實，孩子只是想學習自立。這個時候，父母應認真考慮逐漸放手，這是讓孩子試著獨立的好時機。

叛逆期的孩子也很容易累積壓力。雖然孩子的外表倏地成長得像個大人般，可是心智上卻不如外表成熟。因為內外的不平衡發展，讓孩子更容易蓄積壓力，如果此時父母逼得太緊，很可能就會成為孩子憤怒的爆點。特別是獨生女很習慣把怒氣發洩在呵護她的父母身上。若是從小生長在不容許孩子頂撞父母的家庭，那麼這個家裡就像埋著地雷一樣，隨時都有可能引爆，孩子很可能會找一個父母看不到的地方發洩，這是很危險的。

如果剛好受到壞朋友引誘，為了尋求刺激，做出傷害自己或傷害別人等事情的危險性就會增加。但是這樣的放浪形骸，稱不上是自立。

不管是不問青紅皂白的斥責，抑或是太過小心翼翼，深恐太溺愛孩子而變得異常嚴厲，都是不對的做法。家規的制定和彼此的遵守，正是這個時期所要面臨的挑戰。

從正面的意義來解讀，孩子的反抗也是一種成長的訊號。

青春期的女兒想和爸爸保持距離是正常的

爸爸寵愛女兒是天性。可是女兒到了青春期時，卻開始想避開爸爸。程度雖然有別，但是很多爸爸都會感覺到女兒總是有意無意的在閃躲自己。

很多女兒會嫌爸爸「臭」或「髒」，而不願意跟爸爸親近，這也是沒辦法的事。常常碰到為此苦惱的爸爸問我該怎麼辦才好？其實這是孩子成長的必經過程，爸爸不必太過憂慮。

女兒到了青春期，之所以會想要和爸爸保持距離，是因為孩子下意識開始把爸爸當成一個「男人」。就算爸爸寵愛女兒，還是脫離不了「爸爸是男人」這個事實。所以嫌爸爸「臭」或是「髒」，出發點都只因為爸爸是「男性」。

如果父親可以體察這是女兒即將從小女孩蛻變成女人的必經之路，就能坦然的遠遠守護著女兒。不要太在意這個時期女兒的情緒變化，如果硬要和孩子維持孩提時的親密關係，恐怕只會使父女的關係更加雪上加霜。

有一位剛上國一的女孩子，在以為不會被爸爸看到的地方換衣服，結果還是被爸爸撞見了。儘管爸爸說：「不要覺得害羞，爸爸沒看到什麼。」女孩卻從此之後不跟爸爸講話。

很多爸爸潛意識都希望女兒能夠一直保持小女孩可愛的樣子，可是孩子是會隨著時間的推移而成長的。奉勸天下的爸爸，如果女兒開始避免跟你接觸，不過是成長的表現之一，請不要鑽牛角尖或有失落感。

另外，也請爸爸用看待女性的眼光來看待自己的女兒。雖然改變不是件容易的事，需要時間慢慢適應，爸爸還是需努力調整自己的心態。

一直以來親密的暱稱女兒為「小寶貝」，可能都要暫時不用了；或者也該跟女兒保持一點點適當的距離，遠遠的守候她，並適時伸出援手。

爸爸不髒，這是媽媽應該教導女兒的

■

「爸爸剛洗過澡的浴缸，我不敢用。」「我的內衣褲不要和爸爸的內衣褲一起洗。」青春期的女兒似乎把爸爸視為「不潔」的代名詞。

雖然爸爸是「男的」，當還是小女孩時，並不曾要避諱這件事；但青春期少女特有的潔癖，卻讓「爸爸是不乾淨的」這樣的想法萌生。

有些爸爸聽到女兒嫌自己有「汗臭味」或是嫌自己「臉上油膩膩的」，心裡很不是滋味，真想衝口而出說：「我流汗還不是因為要賺錢養家！哪像你這麼好命，整天躲在冷氣房裡看雜誌。」

不過就算爸爸真的這麼說，相信女兒也根本聽不進去。

另外，即使女兒嘴巴不說，可是從很多小事上，爸爸還是可以感覺到被歧視了。

假日爸爸在家，看到媽媽洗衣服前，還要費心的把爸爸的內衣褲分開洗濯，於是便狐疑的問道：「你在幹嘛？」如果媽媽實話實說：「女兒不喜歡跟你的衣服放在一起洗。」，爸爸對於這樣的回答可能會感到愕然，或許爸爸會心中淌血的自問：「我真的這麼令人討厭嗎？」

我衷心期盼媽媽能夠設身處地為爸爸想想。如果要女兒自己把全家的衣物挑出分類洗濯，可能造成女兒很大的負擔；但是看到妻子那樣特意把自己的內衣褲挑出來的身影，爸爸也會覺得被孤立了。夾在父女中間的媽媽一定也很為難。但是畢竟媽媽年輕時，也曾經走過這樣的羞澀歲月，該怎麼跟女兒溝通，媽媽應該很了解。

「因為有爸爸辛苦的為這個家庭工作付出，我們才能過著舒適的生活。」希望媽媽傳達給女兒這個觀念。

女兒或許會不以為然的頂撞：「爸爸才不是因為工作養家而流汗，是打高爾夫球才流汗的吧！」即使女兒一時仍無法體會媽媽的苦心，也請不要氣餒，重要的是，在這一件事情上，媽媽是爸爸的知音，一定要跟爸爸站在同一陣線上。

「你覺得爸爸好臭，可是媽媽卻一點也不覺得。如果你認為跟爸爸的衣服放在一起很噁心，那麼你自己的衣服自己洗吧！」媽媽的立場一定要堅定。對爸爸產生差別意識，就像得了麻疹一樣，也是成長的一種訊號。只要媽媽支持爸爸，那麼女兒罹患麻疹的時間就會縮短。

孩子總有離巢的一天，該切斷牽絆就得切斷

學校畢業後，獨生女就開始面對找工作的問題。養育孩子到這個階段，又是一個很大的臨界點。

怎樣跟剛成為社會新鮮人的獨生女相處呢？這個問題若等到女兒選擇工作時才考慮，可能就太慢了。孩子人生的每個不同階段，父母都應該和孩子好好的談一談對未來的準備與期許。

我從朋友那裡聽到這樣的故事。

有一對夫妻只生了一個寶貝獨生女，女兒找工作時，父親希望女兒還是能夠住在家裡比較好，所以希望她以通勤的方式上下班。母親則認為如果上班地點在同一縣市

內，即使遠一點也無妨，可以讓女兒學習獨立；就算女兒想離家租屋也沒關係，父母還是可以常常去探望她。可是女兒偏偏想去遙遠的另一個大城市上班，而且她已經獲得一間非常想要進入的設計公司的面試機會。

這個決定自然遭到父親強烈反對，媽媽也認為在同一個縣市內，應該不難找到同樣的設計工作，於是也加入勸阻行列。在父母的極力反對下，女兒順從的在同一個城市中上班，也從家裡搬出來，開始自己的公寓生活。可是爸爸仍然不死心的常常勸她考慮換工作，到他朋友的公司上班。這樣的嘮叨逐漸變成女兒的困擾，女兒慢慢的幾乎不回家了。

或許是獨自一個人居住外面所練就出的自信吧，隔年，女兒就透過人力仲介公司找到另一家設計公司的兼差工作。因為新公司當面允諾兼差的機會，她立刻把原來的租屋退掉，搬到另外一個新的公寓。

她寫了一封長長的信給家人，不過卻隻字不提新工作和新地址。後來父母還是根據女兒喜歡「設計工作」這樣的線索才找到她的下落。

年輕人會因為追求夢想而不計代價，但是留在家中的二老，後來的境況又是如何呢?我透過朋友傳達了我的想法給這個女孩，希望她記得常常打電話回家問候父母。

孩子終究會因為追求夢想而離開家裡，想起來真的讓人覺得有點寂寞。孩子的夢想是什麼?父母該如何支持孩子達成夢想?我想父母在孩子上高中、大學時，就應該認真正視這些問題了。

即使孩子離開家裡，親情牽絆還是在的

獨生女結婚後會更常回娘家探視父母，這是很自然的。但如果夫家住得比較遠，就無法常常如此舟車勞頓了，所以很多獨生女希望婚後能住在離娘家不遠的地方。

有些父母甚至會金援女兒就近在娘家附近買房子，以便婚後可以居住。從這樣的做法可以體會到獨生女和父母間緊密的牽繫。即使已經自立了，仍會關心父母的一切。

似乎要等到孩子結了婚，自己也為人父母後，才會明白「天下父母心」這句話。自己嫁為人婦，也為人母了，才深刻的體會到「養兒方知父母恩」，而回過頭來照顧年邁的父母，並毅然決然的扛起這樣的重責大任。

曾經叛逆的嫌惡「爸爸好臭」的女孩，現在回到娘家探視父母，還會主動貼心的為父親摺疊內衣褲。這是自古以來養兒育女的正向循環。

出嫁後，離家再遠的女兒，父母生日時，總會不辭勞苦的送上禮物，或寄來孩子的照片。現在更拜視訊的發明之賜，有人即把這種科技產物當做禮物送給父母，這樣一來，就可以透過螢幕看到彼此了。

也有很多人為了看孫子一眼，不惜當起空中飛人。距離不再是親子關係的障礙。以前很多獨生女結婚前，因為不希望離父母太遠，夫家和娘家的距離是一個很重要的考慮因素，現在已不需要有這樣的顧慮了。

父母無不希望自己的掌上明珠婚後過著幸福快樂的生活。就算只能透過視訊看到女兒，只要女兒的臉龐洋溢著幸福的笑容，就是父母無上的欣慰。父母的最大心願就是，女兒擁有一個幸福美滿的婚姻，成為被另一個穩重堅實的男人捧在手心的快樂女人。這應該是父母對女兒最美好的企盼吧！

■第 6 章

青春期的親子關係

■對父母而言，青春期的孩子是個燙手山芋

青春期大約是指十至十八歲的年紀，也就是從小學高年級開始到大學這個階段。現在的孩子雖然發育比較好，外表看起來像個小大人，可是心智方面卻不見得成熟，有的孩子好像永遠也長不大似的，甚至也有人已經踏入社會工作了，還是很不安定。

家中有青春期的孩子，對父母而言可說是一大挑戰。特別是獨生女的媽媽，不管孩子的行為是不是有問題，總會不時的自我責備與懷疑「在教育孩子方面，我是不是用錯方法了？」「我付出夠多的愛嗎？」

偏偏正值中年的爸爸，也面臨著工作上的挑戰。有的身居要職，自顧不暇；有的則因為工作上的要求而必須離開妻女去遠方工作，使得媽媽必須一個人面對情緒風暴中的青春期女兒。

此外，媽媽還要面對自己年老父母的照顧安養問題，以及自己的更年期障礙。因此，在孩子青春期所出現的各種突發狀況，常會讓父母心驚膽跳。

孩子小時候的「死黨」，隨著求學和年齡的成長，都已經逐漸疏遠了。這個年齡

滿腹的心事和對成長的疑惑，竟沒有一個知心的朋友可宣洩，只能獨自承受。

基本上，青春期是孩子培養自我認知非常重要的時期。有時孩子會對自己的母親突然感到嫌惡，甚至還會對從小呵護她長大的媽媽大吼：「我才不要跟你一樣。」這時期的孩子雖然心中對媽媽感到不滿，但卻又希望能得到媽媽的協助，內心充滿不平衡；獨生女在這時期對媽媽的態度可說是若即若離，搖擺不定。家裡的氣氛常會因為有這樣性格的獨生女，而被搞得沉悶不安。

「這孩子怎麼一到青春期，脾氣就變得很大，好像滿肚子怨氣一樣。就算有時她說我『囉唆！』我也盡可能不生氣，耐住性子跟她談。有時甚至還會藉著電子郵件跟她溝通。住在一起，卻靠著電子郵件溝通，還真是奇怪！」

跟這種處於青春期的獨生女相處的唯一良方就是，相信她，並默默的守候在她身邊。不過，事實上，也不是所有孩子進入青春期都會出現叛逆的狀況，還是有完全不讓人費心的孩子

「我家孩子從小就很穩重，很多長輩警告我『皮球壓得愈緊，以後就會反彈得愈高。』幸好，這孩子沒有發展成他們說的那個樣子。」

所以，不同的孩子真的是有不同的狀況；擁有個性沉穩的獨生女的媽媽，因為孩子全然沒有青春期的反抗，所以幾乎都不用擔心，而孩子之間的差異，我想其中一個原因還是由於孩子天性不同的關係吧。

■放不下的憂心

社會上有不少會危害孩子的兇殘犯罪者。在日本，全國各地所共同舉辦的「守護孩子」活動一直持續的進行著。現今針對孩子安全所裝置的安全警鈴、針對嫌疑者所部署的目擊情報網和聯絡網，以及為逃家孩子所設立的「一一〇之家」，都是很好的措施。

「為了女兒的安全，我讓她隨身攜帶行動電話。至少可以透過行動電話，知道她的行蹤。可是一起駭人聽聞的奈良事件（不肖的送報生利用行動電話拐騙、殺害少女；並使用少女攜帶的行動電話脅迫父母），卻讓所有媽媽的信心潰堤並騷動不安。」一位媽媽這樣告訴我。

飽受威脅的父母親，或許會期待一套更確實且沒有任何疏失的自我安全防衛系統，來保障落單的孩子，但那是不可能的。「上小學以前，當然可以滴水不漏的隨身保護。可是上小學後，我盡可能讓她試著自己上下學之類的。可是總是會有很多突發狀況，我擔心她不知道怎麼處理，真的是讓很我擔心。」孩子的安危，真的是讓媽媽們感到非常頭痛的問題；特別是沒有其他兄弟姊妹的獨生子女的媽媽，一直都是戰戰兢兢的。學才藝非親自接送不可，如果是到鬧區上課，非得開著自家轎車去才行。雖然口口聲聲說「不能把孩子寵壞」、「希望培養他成為一個獨立自主的人」，不過基於安全第一的考量，雖然不想嬌寵孩子或放手，卻另有顧忌，而使孩子反而因為安全上的顧慮，被保護得更嚴密。

到了青春期的孩子，儘管已有判斷的能力，不過爸媽還是一樣擔心。因為這時期的孩子充滿好奇心，行動力又旺盛，一會兒想去網咖看看，一會兒又想去KTV唱歌，有時還想去偶像歌星的演唱會湊熱鬧，看著一天比一天成熟美麗的女兒整天都想往外跑，做爸媽的開始擔心她會成為壞人覬覦垂涎的獵物。其實孩子透過新聞報導都明白，任何傷害或侵犯都可能發生在自己身上，他們不會不懂父母的擔心。

事實上，要父母就這樣放手，真的不是件簡單事，即便是一個已經看起來像是大人的高中生，也還是滿令人擔心的。

媽媽必須盯著孩子，並一再的跟他溝通，才能了解孩子的想法與狀況。儘管媽媽說了一百次的「這都是為了你好」，孩子依然會有很強烈的反彈。不過我反對對孩子採行放任主義，因為讓一個沒有免疫力的孩子任意而為，是非常危險的。

■以平常心看待女兒的戀情

最近連小學一年級的學生，在情人節當天也會送巧克力給愛慕的人，雖然都是些不成熟且乳臭未乾的孩子，但他們也裝出一副很懂的樣子。

「最近女孩子風靡的那些漫畫和卡通實在太早熟了，竟然鼓勵孩子戀愛什麼的，甚至還有接吻，真是令人傷腦筋。」一位媽媽表達出這樣的心聲。

「在家裡，我們當然盡可能避開這些話題。」有一位媽媽這樣說。但是一旦當孩子到了青春期，就不免會面臨男女之情的困擾。不過不管是女兒開始有欣賞的對象，或是為異性感到魂不守舍，都是件非常自然的事，而談戀愛也成了孩子之間的話題。對這種淡淡的純潔之愛，大部分的媽媽都採溫和、觀望的態度，只有極少數的媽媽會近乎潔癖的嚴厲禁止。

有很多感情很好的媽媽和獨生女，當獨生女有意中人時，總願意毫不保留的告訴媽媽，這會讓媽媽感到很放心。

但是，戀愛往往帶來傷害。特別是獨生女的媽媽，如果平常母女的感情就非常好，一旦自己孩子的內心受到創痛，彷彿就像是自己受了傷似的。「失戀的是女兒，但是連我都感到委屈的躲在廁所流眼淚。我的心好痛，全糾成一團，沒來由的想哭，雖然我知道失戀可以讓她變得堅強。」

當然也有媽媽會對女兒的一舉一動緊迫盯人，甚至會百般阻撓女兒的戀情。國中老師有的也是很緊張。像國中的畢業旅行，因為有在外過夜的機會，為了防範正處青春期的男女學生有不純潔的異性交遊，導師無不全力防範。

對年輕世代的媽媽而言，戀愛不再是隱密的事，或只是純潔的柏拉圖式精神戀愛。但是，媽媽總希望孩子據實以告，不要偷偷摸摸的。

青春期的戀愛就是因為純潔，也因為感到羞怯，所以才更顯得美麗。戀愛指南只能拿來參考，因為愛情通常只是默默的守候緣分的到來。

不讓獨生女成為被物化的傀儡

聽說現在的孩子非常喜歡時尚的名牌服飾，因此我試著以名牌服飾為話題，詢問有獨生女的媽媽們對這現象的看法。

「如果經濟許可，孩子又想要的話，那就可以買給她。」

「如果孩子從小就沒有培養對流行的品味，我會擔心她長大後的品味，所以我都主動買些有品牌的衣服給她穿，而且那些衣服也都挺可愛的。」

「在我家，是我老公比較講究穿著。他還單身時，就會看時尚雜誌，因此女兒也很信賴爸爸的眼光，當她爸爸要去購物逛街時，她就會拜託他順便幫她買好看的T恤。」

年輕的媽媽大多對時尚名牌抱持肯定態度。至於孩子，就不見得一定是這種態度了，因為很多都是父母給他穿什麼，他就穿什麼；也有部分孩子很有主見，只肯穿他自己喜歡的衣服。

比較時髦一點的十幾歲孩子，對名牌服飾幾乎是如數家珍，甚至會上網拍議價自己要的商品。有一位媽媽告訴我一則關於她女兒的事。

「曾經有一段時期，我女兒的班上同學對名牌都非常著迷。比方說買一件名牌衣服，就會拿到一個印有logo的手提紙袋，我聽說她們竟誇張到比賽看誰收集了最多的紙袋。後來在我女兒寫給聖誕老公公的信中，所希望的禮物是『巧克力顏色和藍色相間的皺褶裙，尺寸是一百三十公分。』為了符合她的期望，我只好趕快去買。

「過不久，有一位轉學生轉來她們班。有一天我問她：『我聽說新轉來的同學非常可愛。』

『嗯，她超時髦的，她都穿名牌上學。』她說完話，思索了一下，接著說：『我以後不穿名牌了。』

『為什麼?你不是非常喜歡名牌嗎？』我問她。

『可是，如果以後別人想起我，只記得我是那個穿名牌的孩子，想到這樣我覺得挺寂寞的。』就這樣，我女兒雖然穿著名牌服飾畢業，但後來卻成了一個崇尚休閒打扮的女孩。」

這個女孩的轉變實在讓人驚喜，我想是家庭教育起了潛移默化的效果。雖然崇尚時髦沒有什麼不好，但是如果太專注外表而物化，可就顯得虛浮了。

■ 怎樣洞悉孩子異常行為背後的因素？

一直以來都非常乖巧的孩子，突然出現了不一樣的言行舉止。其實每個孩子內心都有陰暗的角落，青春期的孩子是不安定的，很多媽媽面對孩子的變化，會以「畢竟只是個孩子」來安慰自己，並予以妥協。

當然，現在的教養環境跟過去有很大的不同。個人電腦和行動電話的發明，讓我們獲得更多的便利，但卻也讓犯罪行為更容易滲透到孩子的日常生活裡，使孩子暴露在危險中，這讓現代的父母感到非常的憂心。家中只有一個獨生女的父母對於這種現象更是操心，不過如果以高壓管教的方式管孩子，只會引起孩子更多的反彈。

青春期的孩子非常重視朋友，也是集體意識特別強烈的時期。正因為這樣，所以有的孩子會想脫離父母的掌控。

一般而言，當孩子有異常行為時，通常會有以下的特徵：

1. 生活步調混亂。
2. 威脅的詞語增加。
3. 表情呆滯。
4. 做什麼事都沒勁，常講些悲觀的話。
5. 情緒起伏很大。
6. 說謊。
7. 避免和家人接觸。
8. 總嫌零用錢不夠花。
9. 身上穿著爸媽沒看過的衣服，或使用來路不明的物品。

處理這些問題的困難點就在於，以上所提的這些狀況不過是孩子可能有偏差行為的徵兆而已，所以你打算默默看著孩子下一步會怎麼做呢？或是直接挑明了跟孩子的壞行為宣戰？到底該怎麼做，決定權在父母的身上。

當然，如果孩子的偏差行為牴觸了常規中的禁忌，父母當然不能不管，放任她為所欲為。比如若是孩子抽煙、喝酒，絕對是不被允許的；當然，在你管教她的同時，勢必會招致孩子非常猛烈的反彈。「你很煩耶！」「你竟然敢對媽媽這麼不禮貌?!」原本打算搬出忠孝仁愛等基本教義來壓住陣腳的媽媽，沒想到女兒根本聽不進去。

「父母本來就該負起養育孩子的責任。」如果碰到孩子還一直跟你頻頻頂嘴，媽媽這時應該用智慧化解怒氣，絕對不要光只是在嘴巴上跟孩子針鋒相對；當然，也絕對不需要謹言慎行到唯恐得罪孩子。

事實上，青春期的孩子是不可能向父母親發出求救訊號的，因為這時期的孩子特別好強，即便她其實不想再頂撞下去，早想就此打住了，不過往往嘴巴還是很硬。所以，很重要的就是要塑造出一個談話的環境，你可以若無其事的拋出一個話題後，再儘量找出孩子的優點稱讚她。

■適度掌控獨生女的衣著

現在的校規漸漸不再有基本服裝的訂定，而女兒的服裝也愈來愈不像樣。雖然身上穿著高中學校的制服，底下卻配上短得不能再短的迷你裙；至於染髮更是少不了的時髦打扮。對於這些現象，現在的父母最好抱持開明一點的態度。

如果只是一味的想斥罵獨生女，場面就會變得很僵。難道真要為女兒模仿時尚而生氣？時尚帶有幾分趕流行的意義，但是變化的基準是孩子要有孩子的樣子，學生也要有學生的樣子；一方面父母沒必要過分的拘謹限制孩子，另一方面母親也該有自己的立場。父母親如果覺得孩子過分暴露的衣著和太花稍的打扮不妥，就要極力反對。服裝代表個人的氣質，也表現出父母親的禮教之一。

有些流行會讓人覺得礙眼，或看了都不禁要皺眉頭，要注意的重點是，不管怎麼樣，千萬不要穿著會引起別人不懷好意注視的服裝。例如別人從樓梯底層就可以將內褲一覽無遺的超短迷你裙；或者太透明貼身的連身洋裝。這時只有媽媽可以監督孩子、喝令孩子，不准穿著這種不妥或讓人想入非非的服裝。

「可是別人也都穿這樣的裙子啊！」

「但是媽媽不許你穿這樣，去換下來。」

「我要遲到了。好啦，你不要抓著我！」

「我偏偏不放！」

我想很多獨生女媽媽對這樣的爭執場面都不陌生。可是母親再怎麼反對，女兒還是堅持要追求流行，並執意要逃離媽媽掌控的世界，去建築自己希望的世界。孩子看流行雜誌、模仿名人穿著並沒有錯，只是前面提到的幾個原則一定要遵守。

等到孩子大了，自然能深深的體會母親對她苦口婆心的愛！所以獨生女的媽媽一定要嚴加把關、直言無妨。

獨生女可以洞悉媽媽的「狡猾」

男性基本上有戀母情結，所以男性再怎樣叛逆，通常也不會忤逆母親。但相對的，青春期的男孩子對爸爸卻可能相當的違抗，甚至口出惡言，不過那都只是暫時的反抗。

可是媽媽和女兒的關係就不大一樣了。因為是同性的關係，衝突面往往比較廣。青春期的男孩一般沉默寡言，跟媽媽不大說話；但女孩通常很會跟媽媽拌嘴，並擅於觀察。

「所以我不喜歡有女兒。因為跟自己太相像了，實在有點討厭。她會很容易就看出我的缺點。」據說會這樣想的單身女性很多。

處於青春期的國高中生，除了要積極面對大考外，也會在這個時期開始認真的思索未來的生存方式——自己將來該怎樣才好？自己應該怎樣生存？——青春期的孩子對未來充滿不安，這種不安混雜著對自己的沒有信心，而造成很多時候的反抗。

青春期的女孩很容易識破父母親的缺點以及狡猾的伎倆。比方說以下這個例子。

「我雖然知道媽媽很辛苦，但是她卻有被害妄想症，好像每個人都在算計她、欺負她一樣。她也很虛偽，並不是裡外如一的人。她在人前表現得好像非常和善，可是背地裡卻常常講一些蠢話和刻薄話。」這是一個獨生女對母親的批評。

原來這個媽媽因為婆媳關係不和睦而不開心，所以向女兒吐苦水。每天聽媽媽牢騷的女兒，愈來愈覺得疲倦。一直以為孩子會站在她那一邊的媽媽，知道女兒對她的批判後，是既震驚又難過。「我只是把內心的話告訴女兒，沒想到引起她那麼大的反彈，原來她是那樣看待我這個媽媽的，我現在才知道她討厭我。」

當女兒表達出自己想法的同時，她也跟成長中的自己在做搏鬥。媽媽或許也該認真的思考，不要再將女兒當成情緒的垃圾桶。

以下是一位獨生女對媽媽的看法。「我媽媽很會誇大其辭喔！常常跟我說『媽媽根本不知道要怎樣教小孩才好，反正就是拚命的保護這個家就是了。』我會點點頭，煞有其事的說『嗯，對呀！』不過雖然我表現出一副聽聽就算了的模樣，其實我還是真的覺得她很好啦！」

■母女靠得太緊的喟嘆

母女間的關係也不全然都是和睦的。

有的母親相當苦惱的是：「我跟自己的孩子一點也不親，連一點愛的感覺也沒有。」也有獨生女抱怨：「我根本不敢向媽媽說出內心的話。」

如果你生了一大群孩子，你根本不可能盯著每一個孩子看。幾個孩子裡頭總會有那麼一、兩個孩子，會讓媽媽永遠搞不懂他在想什麼。不過也沒關係，反正糊裡糊塗，孩子一下就拉拔大了。或許因為媽媽沒力氣仔細的盯著孩子，反倒讓媽媽和孩子之間保持了寬闊卻安心的合宜距離。

但是，如果只有一個女兒，母女間的距離可能就會因為太近，而造成或大或小的甜蜜與摩擦。也因為只有一個孩子，沒有其他的兄弟姊妹可以對照，所以不管是優點或缺點，媽媽都像是拿放大鏡在探照一樣，那種令人窒息的關注，有時會引起孩子的厭煩。

從獨生女的立場來看，在只有自己一個孩子的家庭環境下，為了確認自我的存在，非得獨力與父母抗爭不可。如果有其他的兄弟姊妹，對於不合理的規定，或許可以組成聯合陣線共同進行對抗，然而獨生子女卻沒有這樣的福分，因為他沒有共同陣營的人可以一起數落父母的不是；但相對的，他也不需要跟其他人斡旋或協商。所以獨生子女不是容易有激烈的反抗，就是一直帶著委曲求全的心情度過童年。

母女關係是長長久久的，如果彼此關係融洽，就能更進一步的相互了解、心靈契合，兩人也會很有充實感。不過微妙的是，正因為母女間太熟知對方的個性，所以反倒不能容許對方的一點過錯，同時也因為感情太親密，又不忍心說對方的不是。

以下是一位獨生女的告白。「母親在養育我的過程中，常常把自己的想法強行加在我的身上。雖然她不是個壞人，但卻因為太過擔心我的事，而讓我覺得快窒息，真的讓我很有壓迫感。」

女兒的思緒一直在媽媽的對與錯之間打轉。我相信不管是母親或獨生女，都會被困於這種勒得太緊的關係中。另一方面讓我們想一想，獨生女如果一直是在「好喜歡媽咪」的氣氛下長大，那我相信她的精神成長也一定不足。所以當媽媽覺得自己跟孩子的相處有問題時就表示，是彼此之間要刻意保持一點點距離的時候到了。

■母女感情太好有時也會出問題

「因為是獨生女，沒有兄弟姊妹可以吵架，總覺得好遺憾。所以我都會有意無意的把媽媽看成是我的姊姊。」這是一位獨生女的心聲。這位女孩子一直到長大成人出社會了，跟媽媽還是好得不得了。

事實上，有很多四、五十歲的媽媽，因為保養得當且穿著又有品味，所以看起來真的就像女孩子的「姊姊」。母女倆一起聽演唱會、一起上街血拼、一起聊天說笑，看起來真的就像是姊妹淘。

獨生女可以說是父母唯一珍愛的掌上明珠，尤其媽媽面對這個寶貝女兒，更是把全副心力都傾注在她身上。也因為有許多時間與女兒作伴，媽媽自然什麼都會想跟女兒分享。有些媽媽比較早結婚生小孩，跟女兒一起走在路上被誤認為是姊妹的例子也很常見呢。

而由於獨生女沒有兄弟姊妹，當遇到心事或煩惱時，第一個想到可以傾吐的對象除了好友外，就是一直跟她站在同一陣線的媽媽了。基於以上種種的理由，媽媽跟獨生女不管在物質的嗜好打扮，或是心靈方面的溝通上，經常都是非常契合的。

母女間可以這麼沒代溝的相處在一起，真的是非常棒的一件事。但是如果母女一直這樣的緊黏在一起，真的好嗎？很多長不大的獨生女，結婚後還是跟娘家黏個沒完沒了，娘家的老父老母又是怎麼想呢？

「女兒常常在發薪水前帶外孫回家過夜。我問外孫：『想吃什麼？』他回答：『想吃壽司。』其實是女兒要他這樣回答的。回去前，女兒還把整個冰箱裡面能吃的全都打包帶走，剩下我們兩個老的，只好隨便吃吃打發過去，感覺起來真是有點可憐。」

以上是一個已經嫁出去的獨生女，她的爸爸媽媽親身經歷的例子。雖然對父母親而言，自己的女兒和外孫都不是外人，而是最親密的人，但是當女兒像理所當然一般，把老家所有能吃能用的東西都帶走時，父母難免會有「這個女兒不夠貼心」的淡淡怨嘆。只是這種內心的不滿在大多數父母的眼裡還是在可以接受的範圍，因此即使父母親並不認同女兒的這種作法，他們還是會睜一隻眼閉一隻眼，假裝不在乎。

當爸爸的總是很寵獨生女，怎樣畫好該有的界線，可能落在媽媽的身上。「就算再親密，還是要有一定的禮教。不能老是賴著娘家長不大，畢竟女兒也要像個成熟的家庭主婦！」適度的引導是必要的。儘管是像姊妹淘的母女，該有的分寸並不會使雙方感到疏遠。

母女能像好朋友一樣無所不談，是很令人稱羨的互動關係。但是女兒對母親該有的敬重，也是馬虎不得的。

希望疼愛女兒的爸爸媽媽要記住，現在對女兒再好、給她再多滿滿的愛，女兒有一天還是會離開這個巢，伸開雙翼飛向廣闊天空的，與其等長大之後被現實世界弄得遍體鱗傷，還不如從小就開始培養她的獨立性。

就算是集三千寵愛於一身的獨生女，長大後還是該有長大的樣子，而且要是個獨立自主的女性。這當然不是一朝一夕就可以達到的。當女兒進入青春期後，父母就該放手讓她自己有獨立的準備和認知。

■第 7 章

教養獨生女的基本概念

■培育孩子成為社會上有用的人

「你對孩子的未來有什麼樣的期望呢？」當我提出這樣的疑問時，很多的爸爸或媽媽都會回答：「我希望他永遠都能做自己想做的事。」

進一步解釋這個回答的含意是，父母希望孩子可以自由的過著自己想要的生活，而生為父母的他們，也不會把自己的理想強行貫注在孩子身上。但是每當我說到「自由」這兩個字時，我常常會感到有點危險。

我曾經聽到兩位媽媽的交談。「最好能讓孩子自由自在的成長。當爸媽的我們，能不干涉，就不要去干涉，讓孩子想做什麼就做什麼，這樣的教養方式不但會讓孩子覺得很幸福，爸媽也樂得輕鬆。」

「不過如果太放任孩子，讓他們為所欲為，甚至去做一些作奸犯科的事，難道你也不管嗎？」

「我有跟孩子說，不要去做犯法或是會讓人覺得不舒服、影響他人的事。所以我不認為我的孩子會去做那些蠢事！」

確實，自由而放任的教養方法，不但讓孩子沒壓力，爸媽也會很輕鬆。不過讓我擔心的是，大家對於「自由」的定義和想法。

一般所謂的自由，指的是在不傷害、不妨礙別人的範圍內，做任何想做的事的權利。不過即使是在自由主義根深柢固的西歐，他們在強調個人自由的同時，也會加上但書，這但書就是「只有在心智發展上，已經被認定是成人的人，才能有真正享受自由的權利。」基本上，孩子仍有所謂的監護人，也就是表示，孩子並不能享有完全的自由。

即便是高度提倡自由主義的西歐國家，對於剛剛我提到的那位媽媽的想法，也是不會認同的。一般西歐國家的媽媽們，對子女的教養觀點通常是「如果讓孩子享有完全的自由，那麼等到他長大後，一定會幹盡壞事！」

如果照剛才那個媽媽所說，只要「不犯法、不影響他人就可以了」，那麼這是不是就表示，孩子可以「對人不親切」囉？不想去上學也可以，即便深夜要到鬧區去鬼混也沒關係，因為他「沒犯法、也沒影響他人啊！」這些難道都是被允許的嗎？

結論是，全無限制的自由是可怕的猛獸。就算你不告訴孩子「自由是最棒的，你生來是自由的」，孩子也自然可以領會到自由的好處。所以你不該只是告訴孩子「不影響別人就可以了」，而是要進一步的教導他「既然來到這個世界上，就應該要成為對別人有貢獻的人」，我想這才是教養孩子的根本。

同樣的，父母親也是好不容易才有這個機會去教養一個孩子，所以我希望父母親能把正確的觀念教導給孩子。

要讓孩子明白付出的喜悅

最近，特別是在年輕女性間，興起一股所謂「自我探索」的風潮。確實，很多人真的是沒有自我、渾渾噩噩的過日子。

有人戲謔的宣稱，這股風潮正是要那些自以為很有主見的人「停止探索自我，積極找尋工作」，我覺得這兩句話真是很有意思。時下有很多年輕人既不去上課，也不找個工作做，我把這些人稱之為「單身寄生蟲」，可悲的是，這些單身寄生蟲一年比一年增加。很多單身寄生蟲總是說「找不到自己想要的工作」，甚至還有人說「不知道自己想做什麼」。

孩子如果從小就被父母灌輸「要做自己喜歡的工作」的觀念，一旦當他從學校畢業，卻一直找不到喜歡的工作時，說不定會覺得非常徬徨。事實上，很多一事無成的人，都是些偷懶、沒有工作意願的投機份子。所以當我聽到「停止探索自我，積極找尋工作」這樣的呼籲時，我會馬上聯想到社會上這些單身寄生蟲。

每個人一定都要有工作，這是最基本的。以前的人總是會告誡自己的孩子「即便只是讓旁人高興的事，也是一種工作。」意思就是，就算不是為了自己，而是做讓旁人高興的事，也可以算是一種工作，不過現在已經很少父母會這樣教育孩子了。時下的父母只盼孩子「做自己想要做的事」，至於過去那種「做讓旁人高興的事」的觀念，已經非常淡薄了。

我也聽到另外一種說法是：「找到自己喜歡的事後好好去做，如果有好的結果，那就真是人生的一大樂事了！」像踢足球的當選足球選手；愛彈琴的變成鋼琴演奏家；愛下廚的變成拉麵店的店主，都呼應了上述的看法。

當然，如果彈琴的孩子能抱持這樣的想法拚命的練琴，的確是很不錯，不過父母親不該再氣急敗壞的說：「你要給我好好的練琴！」而是應該換一種說法：「每次聽你彈琴，媽媽好像得到心靈的治療。你的演奏可以讓周圍的人聽了，都感到非常幸福呢！」

不光是彈琴，做任何事都能引起身邊的人的快樂。總之，為人服務是可以讓人充滿喜悅的。這是很重要的一個觀念，我非常希望看了這本書的父母，能從小就灌輸孩子這個觀念。

■孩子不可不知的「價值觀」

有的高中生跟父母表示想要染髮。反對孩子變髮的媽媽會訓斥孩子：「高中生染髮像什麼話。」可是孩子一定會反駁：「反正我又沒有妨礙到別人。」

儘管反對孩子染髮，可是父母也不能說染髮是錯的。的確，孩子有他的自由，而且染髮也沒有牴觸法律，更沒有妨礙了誰，在不違反上述的種種條件下，孩子難道不能做自己喜歡的事嗎？就算父母親不喜歡，還是勸不住孩子想要染髮的衝動。此外，像女孩子堅持穿超短迷你裙也是同樣的道理。

比如說，我個人認為，女孩子在電車上化粧非常不禮貌，可是這行為本身並沒有干擾到任何人；而穿非常時髦的衣服上學，照理說也沒侵犯到任何人。

當然，「不可以造成別人的困擾」算是最基本的教養，也是孩子一定要知道的禮節。但是如果告訴孩子「只要不妨礙別人，做什麼都可以」，那麼這觀點就很值得商榷。或許你可以對孩子說：「媽媽不喜歡你現在染髮。如果你想染髮，等你長大，自己會賺錢的時候再去染。」或許正值青春期的高中生孩子會反擊：「可是，媽媽你自己不也是染頭髮嗎？」

這時媽媽只需要很簡單的回孩子一句話：「媽媽是大人囉！」不喜歡孩子染髮是父母的價值觀，在孩子長大成人以前，父母親堅持這樣的價值觀並沒有錯，所以父母親一定要很有自信的將自己認為正確的價值觀，清清楚楚的告訴孩子。並不是說只要不妨礙別人，就可以做任何想做的事。就算不妨礙別人，如果孩子做的事會讓人覺得奇怪，那麼整件事也就不是正確的事了。例如在通勤的電車上吃糖果很奇怪，那麼父母就要叮囑孩子別這樣做。盡可能從小就教育孩子一些父母認為重要的基本禮節。不造成別人的困擾算是非常基本的守則，其他進一步的處世規則，比如要親切待人、要伸手幫助有困難的人等等，父母都應該要教導孩子。

■要讓孩子明瞭不能傷害別人

在現在的社會裡，有人為了非常可笑的小事就去傷害別人，甚至殺人，完全不把生命當一回事。在這樣充滿殘虐暴力的時代，父母親真的必須非常認真的教育孩子，不能輕易的傷害別人。

但是為什麼不可以傷害別人呢？

真正的重點在於，我們不但要明瞭自己的生命是寶貴的，也要知道每個人的生命都跟自己的一樣，是珍貴無比的；不管是自己身邊的人，或是其他在街上錯身而過的陌生人。所以，我們要小心翼翼的不要去傷害到別人。

過去我們根本不需要特別提醒父母「請告訴孩子不要傷害別人」，不過，現在我們每天卻可以從電視上的新聞報導中，看到層出不窮的傷害或殺人事件發生。看到這些慘無人寰的報導時，我建議父母不要跟孩子講「不可以傷害人」，而是試著對孩子說「要重視生命」。傷害別人的人，不僅不尊重別人的生命，也同樣的不愛惜自己的生命。我想父母隨時都要傳達孩子「不要輕賤生命」的觀念。

「生命是非常珍貴的，不管是自己的生命或是別人的生命都一樣。」我希望父母要一再的告訴孩子這個重要的道理。

跟孩子共同執行正確的生活規範

這裡我要提到另一則關於日本舊聯合艦隊司令官三本五十六講過的一句話。他說：「試著做給他看，講給他聽，再試著讓他做並稱讚他，那麼任何人都會聽你使喚。」這是舊式軍人非常難能可貴並洞悉人性的智慧名言。

這裡我所要討論的是「禮儀」。我曾聽說有一些媽媽認為，在拘謹的形式下養育孩子，不但會使孩子的個性受到束縛，也會使孩子發展不出自己的個性。事實上，這個想法是有問題的。

我們前面提到，所謂的禮儀，是一種可以維繫自己和別人互動良好的禮貌。例如大家一起吃飯時，孩子不是呼嚕呼嚕的大吃大喝，就是旁若無人的打嗝，再不然就是吃完飯後，便一聲不響的離開桌子，這樣的行為難道就代表孩子很有個性嗎？

如果父母沒有好好教導孩子該有的餐桌禮儀，那麼他的行為很可能就會是我剛說的那副德性了。或許大剌剌的要吃就吃，要喝就喝，自己會覺得很輕鬆、沒拘束，可是這種只管自己高興，卻讓旁人看了不舒服的態度，卻是不禮貌的。

不只是餐桌上要講求禮儀，生活上也有很多必要的禮儀必須遵守。當有一天你覺得自己不需特別要遵守什麼禮儀規範時，你就是個成熟的大人了。

禮儀是教育孩子的基本，該怎麼教孩子禮儀？什麼時候教最適當？我想三本五十六的那句名言是很好的方法。要教導孩子禮儀，首先可以從父母開始。如果父母經常睡到中午，那麼要告誡孩子「早睡早起」，是毫無說服力的。

什麼時候該起床、什麼時候該吃飯，在一般的日常作息上，父母就可以告訴孩子該怎樣刷牙、該怎樣擺放餐桌、收拾餐桌、該怎樣協助等等。父母就像是範本，孩子會照著模仿。「試著做給他看、講給他聽，再試著讓他做並加上稱讚」，孩子慢慢的便會在耳濡目染下習慣成自然。特別是不受兄弟姊妹影響的獨生女，她的一舉一動很多都是模仿父母，並會將父母對她的身教與言教發揮得淋漓盡致。

曾經有一個女孩刷牙時，會一手扠著腰，一手猛力的拿著牙刷刷，然後再大口的「呸」一聲，吐掉嘴裡的泡沫，行為非常粗魯。

「你刷起牙怎麼是這種樣子？」旁人驚訝的問她。她反倒一副若無其事的說：「我爸爸說這樣會很有精神！」讓別人不知該如何說才好。

■教養好孩子並不一定要花大錢

現在養孩子真的變得很花錢。偶爾會聽到有兩個孩子的媽媽說：「只生一個很好啊，像我們家有兩個，教育費至少要比人家多兩倍。」我想那只是單純的數字計算。但是，花錢就能教養出好孩子嗎？當然答案是否定的。如果獨生女的父母這樣認為的話，那可能就在教養上走錯方向了。因為沒有兄弟姊妹的事實，並不能用錢解決。有一位媽媽帶著孩子去學空手道，這位媽媽認為，因為孩子沒有其他的兄弟姊妹，所以根本不懂什麼叫做跟兄弟姊妹打架，所以那位媽媽便想要讓他藉由學空手道去瞭解，什麼是跟兄弟姊妹打架。不過我們都知道，學空手道的精神根本不是在打架這件事上，即便連外行的我都知道這個觀念的謬誤在哪裡。有一個媽媽讓孩子去學英語。她是這麼說的：「當然我是真的想讓孩子學英語會話，不過另外還有一個因素就是，讓他跟著一群孩子上課，比較不會感到寂寞。」父母親內心深處其實有一點想要補償孩子的愧疚心理，便認為讓孩子上才藝課，可以將孩子的寂寞感降到最低。

基本上，到底要不要讓孩子上才藝課，每一家都有不同的考量。不過如果因為「沒有兄弟姊妹可以吵鬧打架，所以便以帶孩子去上空手道來取代」；或是「為了逃避寂寞，所以讓孩子上才藝課」，我想這些出發點都有待商榷。

首先，父母要認清的是，沒有兄弟姊妹這個既有缺憾，是不能用金錢去填補的，安排各式各樣的才藝課，其實填塞掉的只是親情的那一部分。何況上才藝課也有它適切的數量和時間上限。星期一補英語、星期二上游泳、星期三學畫畫……，把所有的下課空檔全都排得滿滿的，孩子會消化不良。真的有那些預算的話，還不如挪出來讓父母親去上點什麼課程。現在是生涯教育的時代，媽媽如果能去學些知識或是很好的，而且還可以教孩子。就算不專精也無所謂，不管父母學的是繪畫還是鋼琴，在教孩子的過程中，同時傳遞著彼此的親情。不是花錢在孩子身上才是愛的表現，照顧、撥出時間陪孩子更是愛的表現。而且，也是教育孩子的最基本。

表現情感的不同方式

對孩子諄諄教誨，但孩子卻是一副充耳不聞的樣子，這時會忍不住動氣破口大罵的媽媽應該不少。如果急著要出門，孩子卻慢條斯里的吃著晚餐時，不少媽媽也會乾脆要孩子不要再吃了。

我也聽說過有些媽媽因為身體不舒服躺在床上休息，孩子卻還故意鬧個沒完，媽媽就會突然怒氣攻心，出手打孩子。媽媽事後常會因為自己的動粗，而質疑「自己是不是不配當母親？」在此我要很肯定的告訴這些媽媽，即使在某些狀況下，你對不守規矩的孩子發脾氣，你一樣是個好媽媽。特別是照顧年齡還很小的孩子時，因為有忙不完的事，一定是非常累的，就在你又忙又焦慮的時候，不乖的孩子還要故意來惹火你，你會動氣是很合情理的，畢竟人非聖賢，媽媽不能把問題都歸咎在自己身上。有時就因為太愛孩子了，所以父母不免會焦慮、動氣或責罵，不過其實這也不是什麼壞事。我從朋友那裡聽到一個他小時候的故事。

我朋友現在已經是一個很棒的成熟男人了，可是小時候的他，卻是個無惡不做的小壞蛋，鄰居常常向他媽媽投訴他的惡行。

「告訴我，究竟你做了什麼好事？」

「……」

「請老實告訴我，你是不是做了一些不敢告訴我的事？」

「……」

「好，我不會生氣了，請告訴我發生什麼事了？」

結果他真的跟媽媽說了實話，不過還是被媽媽抽打了好幾下。朋友表示，當時如果他抱怨：「不是說好不生氣的嗎？」或是「都是雜貨店那個壞哥哥亂告狀！」反而會招來更嚴厲的處罰。

「其實仔細想想媽媽的處罰也不是沒道理的，現在我真的覺得，那時候的媽媽非常愛我。」朋友懷念地談著往事。

事實上，母親對孩子的情感有很多種不同的表現方式。

■ 父母要適時調節自己的情緒

當父母煩躁不已時，把孩子當成出氣筒的做法，當然不是「父母親對孩子的情感表現」。我要說明的是，雖然父母親對孩子的親情，並不會因為處罰孩子而減損，可是也不該把孩子當成出氣包那樣毒打，另一方面，對於已經自我反省的媽媽也不用再苛責。

當打了孩子後，媽媽不要再自我責備：「我沒有當這孩子媽媽的資格」；而是應該自我期勉：「只有身為這個孩子母親的我，能為孩子拓展視野。」

當媽媽有這樣的自我期許時，才能有充分的心理調適與抗壓力。就像我前面所說的，當媽媽必須照顧襁褓中的幼兒時，其實忙得連偷閒的時間都沒有。一旦連喘息的空間都沒有時，媽媽就很容易變得自暴自棄。

我想如果旁人不從當事人受到多大的身心煎熬去看待整件事，是無法理解很多虐童事件的起因的，通常父母都是在許多綜合因素下，受到很大的壓迫和刺激，才會對孩子使用暴力。所以，光是嘴巴說要有充分的心理調適與抗壓力很簡單，但實際上要做到卻滿困難的。

能夠調適良好的人你不用跟他講，他就已經可以做到了。可是不懂的人，聽到這種論調，可能要追問「可不可以具體的教我，怎樣才能做到呢？」

我想，總之就是一個人不要死抱著問題不解決。如果都是問題，怎麼可能有讓自己放鬆的時刻呢？只有當你把問題擱下時，才會有放鬆的感覺。疲倦時，先把手上的家事放下吧！你可以帶孩子出外散散步，或是找好朋友出來喝茶聊天，也可以向老公撒撒嬌啊！

常把「忙裡偷閒」與「氣氛轉換」的想法擱放在腦中適當的角落，不要讓自己失去心中該有的放鬆與安定，也是教養的基本功。

和孩子一起接受教育

■只有一個獨生女的父母，不知不覺的把育兒當成競賽，因為一再給自己太大壓力，結果搞得筋疲力盡。為什麼不把長達二十年的育兒過程當成盛大的快樂事件去完成呢？

給太多，當然會塞住，消化不良；如果你擔心這、操心那的，免不了就會神經緊張、一刻不得輕鬆。

如果還有其他的孩子，多少可以分散父母的注意力，可是當只有一個孩子時，自然而然，父母會把所有的注意力都貫注在他的身上，盯得死死的。因為盯得太緊，什麼事都太在意，比起那些不只一個孩子的父母來，獨生子女的父母變得有點過分干涉。

大人偶爾會希望一個人清靜，孩子也一樣希望偶爾能一個人獨處。我想父母應該也要告訴孩子怎樣好好利用獨處的時間。

隨著孩子的成長，父母親也要學習漸漸放手、漸漸把眼光放開。就算親子關係再好，也不可能自始至終都不分離。等孩子夠大了，或許可以輪到孩子看家，爸媽兩個人相約出外吃飯；或者爸媽在家，把孩子一個人留在祖父家玩。這樣適度的脫離都是好的。

隨著孩子長大，父母看不到孩子的時間就會愈來愈多了。此時父母當然也要學著跟孩子脫離，讓孩子自立，這也是為了父母好。放開孩子還是可以教育他們，但是父母親若沒有意識到這一點，當然就無法好好教他們，父母也無法自立。有的例子是，孩子已經長大成人了，可是父母卻還不能從孩子身上脫離、自立。育兒的另一個面向是，父母親也要學習脫離孩子自立。

在此，我要歸結育兒的基本就是「父母親要自立」這個道理的貫徹。

■第 8 章

發揮獨生女的特性

悠然自得的獨生女

獨生女在沒有歷經和兄弟姊妹的摩擦下，安然自在的成長。在這樣的環境下，當她踏入社會成為活躍於職場上的女性時，會怎樣凸顯出她「獨生女的作風」呢？

有一位獨生女去上班時，被分配到一位向來以難搞出名的課長底下。部屬當然沒有選擇上司的權利，而跟她同期一起進來的同事聽到傳言，私下警告她：「他那一組的人，聽說每三個人有一個人得胃潰瘍，你最好離他遠一點。」

只見獨生女一副不介意似的點頭說：「嗯，我知道了。」她不管流言，照樣按自己的意思帶著花到辦公室布置。

課長看到她布置的花，生氣的大罵：「誰幹的好事？無聊！弄這些難看的花做什麼？」

「是我。」她好像要接受稱讚似的舉起手承認。

有一天早上，她又跟課長主動建議：「課長，我勸你今天的會議不要打這條領帶。」

「少說廢話！」他憤怒的吼回去。後來聽說那一天的會議上，課長的提議被上面批得體無完膚。

下次會議開會的前一天，她又不怕被轟的提出建議：「課長，我覺得你可以打三天前繫的那條領帶參加明天的會議。」

課長沉默的聽她說話。結果隔天他真的繫上她指定的那條領帶，幸運的，他的提案也順利的受到上面的青睞。

當然，這件事自然引起課內熱烈的討論。

「你覺得課長常戴的那條領帶很難看嗎？」同事們很好奇的詢問她的看法。

「我覺得跟我老爸的風格很像。」她回答。

「可是，課長是課長，令尊是令尊，是不一樣的。」

「是嗎？但是我覺得一樣啊！」

之後，那位獨生女還是繼續不時的被這位課長砲轟，但是原本瀰漫在這單位裡的氣氛跟以前比，卻明顯的活潑許多。

原來她自己的父親就是個非常難搞的人。所以長期跟那樣的父親斡旋，碰到一個一樣難搞的課長，她反倒有一種似曾相識的熟悉。現在，她可是這個工作上的靈魂人物。

■ 獨生女很會唸書！

從獨生女得天獨厚的環境上來看，很多獨生女在課業上的表現，的確是高人一等。

可是有些媽媽可能會說：「不過我家女兒的功課很普通啊，是不是我的教育方法哪裡出了錯？」在這裡，我必須先澄清的是，並非花很多錢在孩子的教育上，就可以讓孩子成為會唸書的小孩。

其實孩子會不會唸書的因素很多，也很複雜。首先，我們可以確知的是，由於獨生女得到父母相當多的注意與期待，因此父母會盡其所能的提供她一個能夠專心唸書的良好環境。

在大人無微不至的照顧中成長的獨生女，從小就在這樣一個優渥的環境下學習各種知識，因而也造就了她凡事都很積極的個性。

另外一個非常主要的原因是，獨生女有很多跟父母親單獨相處的時間。比如說一起看書，一起繪畫，這樣的環境並非有其他兄弟姊妹的孩子所能擁有的，有很多孩子的父母，勢必要撥出相當的時間去照顧其他需要照料的弟妹。排行上面的孩子只要乖乖的、不吵不鬧就已經是萬幸了。

由於獨生女從小就有和父母密切相處的機會，因此當她上學後，過去跟媽媽相處時所學到的一些應對進退，都累積出一番不可小覷的成果，而她自己也知道上學後有很多事是非做不可的。比方說放學後要馬上做功課，要預習和讀書後，才可以和朋友們打電話。所以我認為很多獨生女之所以讓人家有「會唸書」的感覺，其實也是她們孜孜不倦努力的成果。因此，對於憂慮自己女兒課業表現不亮眼的媽媽，我希望你們能安心的靜靜等待，讓獨生女的能力慢慢發揮出來。因為我們不知道她到底是在小學、中學，或是在哪個階段，會突然有突出的表現。甚至說不定她天生的能力是在繪畫或寫作上。總之，我想獨生女的生長環境會較一般有兄弟姊妹的孩子，更容易培養出自己的天分。

■獨生女比較早意識到父母老後的問題

大概到了國中、高中的階段，孩子會開始想到自己的未來。當獨生女年紀夠大時，她會開始想到，以後家裡只剩年邁的父母，而且自己必須獨立照顧二老，再往後想，等父母都亡故後，就只剩自己一個人孤獨的活在這個世界上。

有兄弟姐妹的孩子，對於未來都是自由的憧憬。但是獨生女卻一邊顧慮著雙親和家庭，一邊想像著自己的夢。

我從朋友那裡聽到關於他女兒的故事。朋友的女兒即將成為國中生，在小學的畢業紀念冊上，關於「將來的夢想」中，她寫：「去美國，成為歌劇明星。」

「是嗎？你想去美國？」我朋友問他的獨生女。

「沒關係啦，因為我會帶爸爸、媽媽一起去。」

聽女兒這麼一回答，朋友感到有點心疼。

「因為才剛要上國中，想法還不成熟、有點幼稚。但是，看她把我們都考慮進去，我不知道要說她可愛還是悲哀，或許因為她是獨生女，擔心就比別的孩子多。」

朋友是個通情達理的父親，從來不跟女兒講父母將來的希望是什麼。「為了方便女兒以後嫁人，我現在都考慮住租來的公寓。至於要不要買房子或是以後要住哪裡，我跟內人商量的結果是，等女兒嫁出去以後再說。」

同樣的，孩子也不知道從什麼時候開始，會想到自己未來要照顧雙親的事，這也是獨生女的特性。父母親什麼都沒說，孩子自己就會自然的考慮到未來的境遇和安排。所以我認為父母親不要太早就告訴孩子「因為你是獨生女，所以我希望你嫁個好男人，擁有一個美滿的婚姻。」因為，你不斷的告訴孩子這些既定的事實，只會早早澆滅孩子一個又一個對未來的美夢，還不如溫和地守護孩子們的夢想吧。

■ 獨生子女雖然不太合群，責任感卻很重

獨生子女常常被視為不太合群，因為他畢竟缺乏跟兄弟姊妹取得妥協、斡旋的訓練。但是上了托兒所或是幼稚園後，因為身旁都是年齡相仿的孩子，孩子之間彼此爭

奪的事件便漸漸多了起來，需要妥協的機會也就隨之增加了。

如果媽媽能意識到這種情況是個機會，就不會那麼神經質的把孩子「不合群」的缺點當成是個問題。我們可以把它當做是獨生女的特質之一，不要以太嚴肅的眼光來看待。

相對來看，很多時候，由於獨生子女都必須一個人獨力承擔很多事物，因此他的責任感也會比其他孩子來得強。

好比有其他兄弟姊妹的人，通常會依賴哥哥，特別是排行老大的兄長，責任似乎要扛得比較大。不過獨生女的狀況又跟這不大一樣，因為她沒別人可以壓迫，也沒有其他人可以跟她一起擔負責任，原本全都依賴媽媽的事，最後只能靠自己處理。

有一則發生在某國小的故事是這樣的。

有一位小朋友因病長期住院。學校為了鼓勵這個孩子，發起摺紙鶴的活動，希望他能早日出院。

學校規定每一個人要摺三十隻紙鶴。可是有些孩子根本不知道該怎麼摺才好。所以不懂摺紙鶴的孩子只好向會摺紙鶴的孩子請教。

有一位獨生女剛好手滿巧的，她俐落的摺著紙鶴。

「你好厲害。」男孩嘖嘖稱奇。

「你也幫我摺，好不好？」

「不行。自己的事，自己做。」她拒絕了男孩的要求。

「那麼，你教我。」

「就是這樣、這樣，然後再這樣。」她只是口頭上教導同學，手卻一點都不肯停下來教他，只是很快的摺著自己的紙鶴。

「從這裡開始以後的我都不懂。」男孩再次懇求。

「你等等。等我摺下一隻紙鶴，到你不懂的地方，我再教你。」她手一刻也沒停下來。

那一天照規定是每個人要摺十隻。結果，這個獨生女比班上任何一個孩子都要先摺完。

「老師，我摺好了，我可以先走了嗎？」老師因為很了解這孩子，所以也沒有很吃驚。

「你摺得好快喔。對了，你可不可以教教○○怎麼摺，他需要你教他呢！」

「好。」她爽快答應。

再一次，「就是這樣、這樣，然後再這樣。」她口頭上教導同學，手又開始摺了起來。

事實上她真的不是存心要對同學冷漠，只是因為她覺得很簡單，所以不懂別人為什麼不會。獨生女的責任感強，一旦有人請她幫忙，她也可以不厭其煩的幫助別人。而她也在這樣的狀況中，一點一點的學習合群這件事。

■獨生女並沒認知到自己得天獨厚的環境

獨生女常被批評「任性」。其實，所有的孩子都任性，只是因為她是「獨生女」，所以任性的部分像是挑明的標籤那樣，淺而易見。的確，跟有兄弟姊妹的人相比，獨生女有許多讓人羨慕的地方。

「因為家裡只有那麼一個小孩，所以集三千寵愛於一身，想要什麼，就可以擁有什麼。」許多人都會這麼認為，也就因為這樣，有時想想，獨生子女還真是有點可憐呢！

可是我並不認同「因為是獨生子女，所以才任性」的說法，因為任性並非獨生子女的特性。

我在第二章也提到，只要不要過度的給予，孩子就不會任性。媽媽跟孩子都要共同學習這種忍耐的功夫。不過這種忍耐的功夫，可說是普天下父母和孩子都要遵守的原則，並非只有獨生女要特別學習「忍耐」。

獨生子女跟有其他兄弟姊妹的孩子一樣，要把妥協、忍耐都看成重要的事。今天的孩子在物質上都非常豐裕，因此，只要有錢，沒有什麼得不到的。

但是獨生女很可能並不知道，別人對她這種優渥的環境感到非常嫉妒吧！

有其他兄弟姊妹的人，常會遇到的狀況就是，「因為我是姊姊，所以要忍耐。」不然就是妹妹說：「為什麼姊姊上台表演就可以穿那麼漂亮，而我只能穿這麼普通的衣服？」要雙方都各退一步的做法就是，姊姊有的，讓妹妹也有。

當然有些獨生女會察覺到自己是獨生女這個身分的優點，不過相同的，她也同樣會感受到它的缺點。或許，世界上的事都是有得必有失。

妥協跟忍耐是不分對象的，不管你所教導的是不是獨生女，但是光教導孩子懂得忍耐並不夠，我希望孩子要自覺到某些「只有獨生女才有的好處」，因為唯有孩子自覺到那些難能可貴的優渥，他才能自然的懂得感激父母。

有些處境要讓孩子學習忍耐。有的處境則是讓孩子學習「這樣也很好」。我想讓孩子學習忍耐並懂得感謝，是教養孩子的普遍準則。

■堅持自己的步調，富含挑戰精神

獨生女因為沒有受到其他兄弟姊妹的影響，一切只需照著自己想要的步調走。也正是這種一步一腳印的累積，所以總能如實的達成願望。這是好的一面，但是不好的一面是，獨生女對於突然的變化常會難以招架。

有一位唸國小的獨生女，暑假的指定課業中有一項自由研究的作業，她擬定的主題是調查「北海道的花」，因此全家便計畫好要到北海道去旅行。

事前她利用植物圖鑑和網路仔細調查，關於什麼花會在哪裡綻放，做好完整的資料搜尋。然而旅行當天卻來了颱風。而這時離暑假結束前，只剩一個星期。

媽媽建議：「好不容易我們準備這麼周全，還是我們把資料再潤飾一下就好。」她對於要不要把資料潤飾潤飾就交出去感到有點困擾，不久她決定把花了相當時間準備的「北海道的花」這份研究報告擱著。

就在暑假要結束前的幾天，她另起爐灶，重新擬定研究題目。

媽媽看時間窘迫，不免擔心地問：「這樣好嗎？來得及嗎？」可是她還是不以為意，只是遍尋不著她喜歡的題目。

後來，她終於告訴媽媽：「暑假結束前，我還滿迷惑的，不知要從哪一個題目下手好。結果，我總算決定要研究關於『颱風』這個題目。我慢慢的準備，或許要晚一天才能交報告給老師。」這篇自由研究報告聽說還是寫得很好，而且還受到老師的褒獎。凡事依照自己的步調做事當然很好，但是也有缺點。如果孩子有這樣的人格特質，父母親要讓孩子將這特質的優點發揮出來。

獨生女做事有自己的步驟，而且充滿挑戰精神。父母親對孩子這樣的行為模式不要給太多的意見，當孩子熱切的投注或沈迷於某事物時，或許給她時間跟空間，她便會找到自己要的。

凡事依自己步調去做，到底是好是壞，結局只有她自己知道。身為孩子的父母只能佯裝沒看到，任由挑戰精神旺盛的孩子去闖去跌，當她需要你協助時，記得快樂的伸出援手。

就算她按自己的步調走，凡走過必留下痕跡，她累聚的能量總是有釋放的時候，結果必然也會是豐收又甜美的。

人際關係不怎樣，卻韌性十足

■

獨生女的人際關係通常都不怎樣靈光。

有些女性非常擅於交際，參加宴會時，可以與人侃侃而談，並大方的和人交換名片，也可以將認識的朋友介紹給初次認識的人，接著很幹練的與對方敲定下次碰面的日子。這樣如魚得水的公關，既圓滑又成熟。

不過獨生女也可以這樣游刃有餘嗎？我想獨生女大概都不是很擅長社交的人。她對於要周旋在這些人之中感到疲倦，只希望宴會能快快結束，可以趕快回到家，聽自己喜歡的音樂。

人前她可能表現得大方得體，如果再次邀請她，她可能還是會去第二次，但是第三次再找她，她可能就會婉拒了，而這樣的進退模式可說是獨生女的特質之一。

獨生女從小就擁有自己的獨享世界。在那樣氛圍下長大的孩子，韌性很強。也就因為韌性很強，所以對孑然一個人並無恐懼。

她可以人前完美的暫時演出，也不會無禮的樹立敵人，必要時也可以做出妥協，不過如果真的覺得太勉強，她也可以斷絕一切，獨自的生活。

我想，或許正因為獨生女有堅強的韌度，所以她可以抑止自己偏好孤獨的特性，而把其他的各種面向表現出來。

「咦？你是獨生女？一點都看不出來耶。你滿會照顧人的，而且又很和善，跟誰都滿合得來的。這樣說或許不是很好我知道，不過一般獨生女不都很任性嗎？我一直以為你是家中的長女呢！」

「嗯，不過有時候還是會露出獨生女的馬腳啦……」

儘管心中感覺「好疲倦」，表面上卻一點也看不出來。真正累倒的、被傷害的，就是太ㄍㄧㄥ的獨生女。

■ 讓獨生女的個性和特質自然的發揮

一般獨生女都可以適情適性的在優渥的環境中長大。當然很大的原因在於她跟父母親有著非常緊密的關係。不過，還有一個很重要的因素是，因為她有較長的獨處時間。

看書、畫畫，或者發呆，這些時間對孩子而言都是很珍貴的。因為一個人獨處時才能思考。爸爸媽媽可以給孩子多少這樣的時間呢？

其實做什麼都可以。一個人獨處時，孩子的腦中會充滿自由的想像。在這些自由時間裡，可以讓孩子的個性豐富多元，孩子對自己要做什麼也能有清晰的輪廓。所以，讓獨生女擁有自己的時間是非常重要的，可是有些父母親卻會有點擔心。

「我家孩子常常一個人沒事在發呆。」也有父母為此感到煩惱向我諮詢。這時我會告訴他們：「你看她好像在發呆，可是她腦袋瓜裡都是些很棒的鬼主意呢！請你讓她擁有這些珍貴的胡思亂想時間。」

媽媽自己如果也是獨生女，大概會「心有戚戚焉」，可以懂我的做法；可是如果媽媽是在有兄弟姊妹的生長環境中長大，大概會認為不可以讓孩子一個人單獨玩耍。所以她會經常要孩子「去找朋友玩吧」或是「陪媽媽去買東西」，這樣的媽媽不希望孩子落單。

當然跟朋友玩耍的時間是很必要的。但是，讓孩子有自己獨處的時間也同樣的重要。這是放諸四海皆準的教養原則；也就是凡事講求均衡。不只是要讓孩子學習忍耐，有時讓孩子明瞭一下「獨生子女的好處」，經驗一下「這樣也不錯」的想法。這就是講求均衡。

同樣的，讓孩子跟朋友在一起，或在群體中生活，是非常重要的事；而讓孩子有獨處的經驗也相當需要；挨罵很正常，被誇讚也很正常，這也是均衡。

如果父母親太在意自己孩子是獨生子女，難免就會患得患失的要給孩子所沒有的。父母要放下某些不該抓住的東西，獨生子女的特質才能得到適當的發展。

比較能夠順著環境適應自己的個性，這就是獨生子女與生俱來的特性。也請父母給予他們均衡的教育。

國家圖書館出版品預行編目資料

獨生女怎麼教 / 多湖輝著；鹿谷譯. -- 初版.
-- 新北市新店區 : 世茂, 2006 [民 95]
面； 公分 --（婦幼館；91）

ISBN 978-957-776-813-1（平裝）

1. 獨生子 2. 親職教育 3. 父母與子女

544.147 95022613

婦幼館 91

獨生女怎麼教

作　　者／多湖輝
譯　　者／鹿谷
總 編 輯／申文淑
責任編輯／呂丹芸
封面設計／莊士展
出 版 者／世茂出版有限公司
發 行 人／簡玉芬
地　　址／（231）新北市新店區民生路 19 號 5 樓
電　　話／（02）2218-3277
傳　　真／（02）2218-3239（訂書專線）
（02）2218-7539
劃撥帳號／ 19911841
戶　　名／世茂出版有限公司
單次郵購總金額未滿 500 元（含），請加 50 元掛號費
酷 書 網／ www.coolbooks.com.tw
排　　版／辰皓國際出版製作有限公司
製　　版／辰皓國際出版製作有限公司
印　　刷／世和印製企業有限公司
初版一刷／ 2007 年 2 月
四刷／ 2012 年 5 月

ISBN-13：978-957-776-813-1
ISBN-10：957-776-813-x
定 價／ 180 元